Nimmt das Schicksal dir dein Augenlicht,
sucht sich deine Seele andere Wege, um zu sehen.

Claudia Ingenillen

Lisa,
ich
bin
einfach

Non cogito sed sum

1. Auflage
© 2020 Claudia Ingenillen
Herstellung und Verlag:
BoD – Books on Demand, Norderstedt
Alle Rechte vorbehalten
Text und Idee: Claudia Ingenillen
Bilder: Claudia Ingenillen
Umschlaggestaltung:
Anette Adams, Neukirchen-Vluyn

ISBN 9783751914185

Bibliografische Information der Deutschen Nationalbibliothek:
Die Deutsche Nationalbibliothek verzeichnet diese Publikation in der Deutschen National-
bibliografie; detaillierte bibliografische Daten sind im Internet über dnb.dnb.de *abrufbar.*

Mail: LisaMarie0707@gmx.de

Nimmt das Schicksal deinen Beinen
die Kraft zu laufen,
stellt es dir jemanden zur Seite,
der dich mit starken Armen
durch dein Leben tragen wird.

Den Sinn in der scheinbaren Sinnlosigkeit
zu finden, dauert manchmal ein ganzes Leben!

.

INHALT

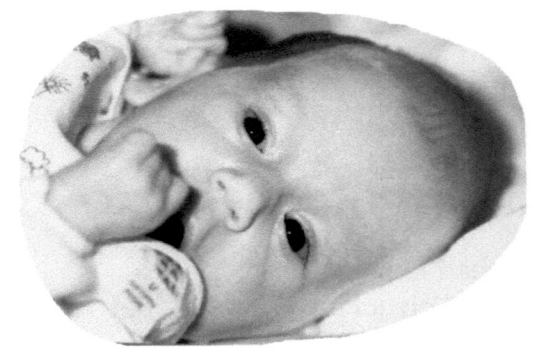

Ich bin einfach

Memoiren, wer schreibt seine Memoiren?

Berühmte Personen, Politiker, Menschen aus dem Filmgeschäft oder Sportler. Menschen, die anderen bekannt sind, die einen großen Namen tragen.

Ich bin einfach Lisa und obwohl ich weder berühmt bin, noch einen prominenten Namen trage, werde ich auf den folgenden Seiten aus meinem Leben berichten.

Was kann so anders, besonders oder außergewöhnlich an den Erinnerungen eines bisher fast nur drei Jahrzehnte dauernden Lebens sein, dass man denkt, es könnte jemanden interessieren?

Zuerst ein Bekenntnis: Ich lasse schreiben, Worte finden und berichten, denn ich kann weder das eine noch das andere.
Nicht, weil ich es nie hätte lernen wollen, doch es war mir nicht vergönnt, etwas zu lernen.

Nachdem ich gesund zur Welt kam, erkrankte ich sehr schwer. Meine geistige Entwicklung ist im Alter von zwei Monaten zum Erliegen gekommen. Mein Körper erhält kaum sinnvolle Impulse von meinem Gehirn.
Immer und überall bin ich zu 100 Prozent auf fremde Hilfe angewiesen.

Ich bin Lisa, Lisa Marie, 29 Jahre alt.
Im großen Meer des Lebens bin ich ein sehr kleiner Fisch. Tag für Tag werde ich im Schwarm mitgezogen, getragen oder geschoben. Dabei und mittendrin war und bin ich immer, doch nie wird je ein gesprochener Wunsch über meine Lippen kommen.

Im übertragenen Sinn habe ich die ewige Jugend abonniert, denn ich werde für immer auf dem Entwicklungsstand eines Babys bleiben.
Das ist nicht sehr viel, wie sich jeder vorstellen kann, und doch ist es mein Leben.
Fast nichts selbst machen zu können, dazu noch blind zu sein, dieses Leben klingt nicht gerade nach der Erfüllung aller Träume.

Hat einem das Schicksal im Spiel des Lebens den schwarzen Peter zugesteckt, nimmt man es mit einem Lächeln, denn man hat nur dieses eine Leben sicher.
Meine Mutter hat das Schreiben für mich übernommen, so wie sie fast alles in diesem Leben für mich macht und durch diesen Umstand auch die Person ist, die mich am besten kennt.

»*Non cogito sed sum!* «
»Ich denke nicht, aber ich bin.«

Diese kleine Wortspielerei ist mein Lebensmotto.
In Anlehnung an Descartes:

»Cogito ergo sum!«
»Ich denke, also bin ich.«

Ich bin viel mehr als nur ein Pflegefall der höchsten Stufe, Pflegegrad 5.

Ich bin Tochter, Schwester, Enkelkind, Vertraute, Nachbarin, Mitschülerin und Kollegin.

Ich bin ein Mädchen, eine junge Frau gefangen in einem Körper, der im Ursprung dazu gedacht war, mich durch das Leben zu tragen.

Begleiten Sie mich ein wenig durch mein Leben. Erleben Sie die Ohnmacht, nicht in der Lage zu sein, selbst zu reagieren, nichts erzählen zu können oder in manchen Momenten stumm um Hilfe rufen zu müssen.

Wichtige Eckpunkte, Wendemarken und Ereignisse, die vermitteln können, wie leicht oder schwer ein Leben mit multiplen Behinderungen sein kann.

EINS
- Mein Start ins Leben -

»Guten Morgen meine Süße. Hallo kleine Maus.
Wie war deine Nacht? Hast du gut geschlafen?«

Wie jeden Tag in der Frühe höre ich auch heute als Erstes die Stimme meiner Mutter. Wie jeden Morgen
gebe ich keine verbale Antwort. Ich schaue mit meinen blauen Augen in die Welt und versuche, mich ein
wenig an dem Licht zu orientieren, das ich wahrnehme.
   Langsam wird meine Decke zum Bettende gezogen.
Die Kissen die unter und zwischen meinen Beinen liegen, werden vorsichtig zur Seite gelegt. Das Stoffschaf
unter meinem linken Arm sorgt in der Nacht dafür,
dass ich mir nicht selbst zu heftig mit dem Unterarm
und der Hand vor die Rippen drücke.
Vorsichtig hebt meine Mutter meinen Arm und ent-
lässt das Schäfchen aus der Nachtschicht.
Mama streichelt meine Hand, meine Wange und
bringt meine Beine in eine gute Position, um mich aus
dem Bett heben zu können.
Ich fühle mich sicher und geborgen, wenn ich auf ihren Armen ins Wohnzimmer getragen werde und dort
meinen Platz auf dem Sofa einnehme.

Wir schreiben das Jahr 2020.

Ich bin jetzt 29 Jahre alt und möchte gerne über mich
und die Geschichte meines Lebens erzählen.

Dafür gehe ich fast drei Jahrzehnte zurück und beginne dort, wo es am sinnvollsten ist, am Anfang, am Tag meiner Geburt.

Es war Samstag, der 07.07.1990, als ich 3 ½ Wochen vor dem errechneten Geburtstermin gesund das Licht der Welt erblickte.

Ich hatte es mir sitzend im Bauch meiner Mutter bequem gemacht, sodass die Ärzte meinten, ein Kaiserschnitt wäre passender und schonender für mich.

Diese Entscheidung kam so überraschend, dass ich jetzt noch das Vibrieren meiner vor Aufregung zitternden Mutter spüre. Der ganze Bauch war in zarte Schwingungen versetzt. Schließlich war es ihre erste Schwangerschaft, ihre erste Geburt, nichts, das man kurz nebenbei erledigt.

Da meine Mutter nur durch die PDA betäubt war, konnte ich sie, nachdem ich aus dem Bauch geholt wurde, kurz begrüßen. Für einen zarten Moment fühlte ich die Wärme an ihrem Gesicht. Meine Mama, gerade 24 Jahre alt, spürte mich kurz ganz nah und war glücklich, dass ich ein komplettes Baby war, mit genau allem in passender Anzahl dran, was zu einem kleinen Menschen gehört. Nicht zu viel und nicht zu wenig.

Ein perfekter Moment für meine Eltern, denn mein Papa, zu der Zeit 25 Jahre alt, war bei meiner Geburt auch anwesend und nicht weniger glücklich.

Die OP verlief gut, doch in meiner Geburtsklinik, dem St. Anna Krankenhaus in Duisburg Huckingen, gab es keine Kinderklinik. Es gab ein »Neugeborenen Taxi«, einen Baby-Rettungswagen der Städtischen Kliniken in Krefeld.

Da es Samstag Abend war, die Ärzte wohl nichts falsch machen wollten, oder zu verunsichert waren, wer weiß das schon, forderten sie diesen modernen Rettungswagen an. Zur Sicherheit, wie es hieß und vom Grundgedanken bestimmt gut gemeint.

Obwohl ich etwas über drei Wochen zu früh auf die Welt kam, war ich kerngesund, mein Apgar-Index lag bei 7/10/10. 10 ist der höchste, zu erreichende Wert.
Ich wog 2250 Gramm bei einer Größe von 47 cm. Nicht gerade eine Wuchtbrumme, aber kein Gewicht, das ein wirkliches Problem darstellen sollte.
Vorsorglich wurde ich in die städtischen Kliniken nach Krefeld gefahren. Nur für drei Tage zur Beobachtung, so hieß es.
Leichte Schluckbeschwerden, oder anfängliche Anpassungsschwierigkeiten, es bedurfte einer Begründung, um mich nach Krefeld mitzunehmen.
Aus den gesagten drei Tagen sollten einige Monate werden, denn ein Feind, der mein Schicksal in seine Hände nehmen wollte, erwartete mich dort, eine Bakterie namens *Klebsiella*.

Das Datum meiner Geburt kann man sich ganz leicht merken, denn einen Tag später wurde Deutschland Fußballweltmeister.
Damals interessierte mich das nicht und wenn ich ehrlich bin, heute auch nicht.

Ich weiß noch nicht einmal, was Fußball ist.

*

Wenn alles problemlos weitergeht, feiere ich in diesem Jahr meinen 30. Geburtstag.

30 Jahre, wow, hört sich gut an, klingt nach viel Leben, Wissen und Erleben.

Viele Erfahrungen habe ich gemacht, doch sind es nicht unbedingt die, an die sich andere in meinem Alter erinnern.

Schule, Ausbildung oder ein Studium könnten jetzt hinter mir liegen. Eine erste Liebe, eine Zweite oder Dritte, doch die Wahrheit ist, ich bin noch ungeküsst.

Mama, Papa und Oma/Opa Küsse zählen nicht, ich meine einen richtigen Kuss, mit Zunge und viel Gefühl, mit allem Drum und Dran.

Keine Sorge, das will ich auch nicht, es würde nicht passen, nicht zu mir, nicht zu meinem Leben und ebenso nicht zu meinen Wünschen, meinem Verlangen.

Dennoch möchte ich alle bisherigen Mama, Papa, Oma, Opa und Geschwister Küsse nicht abwerten, denn sie waren immer mit viel Liebe verbunden.

Liebevolle Küsse auf die Stirn, die Wange oder die Nase, die mir immer wieder zeigten, dass ich nicht alleine bin und stets mich liebende Menschen in meiner Nähe sind.

Meine Wünsche sind so viel einfacher.

Ich möchte leben, ganz einfach leben, so wie jeder Mensch zu Beginn seines Daseins diesen Wunsch einprogrammiert hat. Darüber wird nicht nachgedacht, es funktioniert instinktiv.

Es bedarf nicht viel, meine Anforderungen an das Leben zu erfüllen; genug Essen, ein Popo, der sauber gehalten wird.

Liebende Wärme die Sicherheit gibt. Sie hüllt mich ein wie eine weiche Decke.

Jeder Mensch braucht sein Leben lang dieses von innen wärmende Gefühl. Ein Dasein ohne Liebe wäre eine traurige Existenz, so sagt es meine Mama manchmal. Wer nicht geliebt wird, wird auch in der größten Menschenmenge immer einsam bleiben, nicht alleine, aber im Herzen und Gefühl einsam.

Schutz, ich brauche jemanden, der mich schützt und sich um mich kümmert. Irgendwen, der meine Wege mit mir, manchmal auch für mich geht.

Mehr ist es nicht, etwas anderes braucht wohl kein Mensch für einen guten Start.

Normalerweise entwickelt man sich von Tag zu Tag ein wenig weiter, lernt immer mehr dazu, bis hin zur Selbstständigkeit.

Diese Eigenständigkeit wird es nie bei mir geben, denn tragischerweise blieb mein Leben in den Anfängen stecken.

*

Ich glaube, ich bin gerade etwas zu schnell in meiner Geschichte unterwegs, wenn sonst Geschwindigkeit bei mir keine große Rolle spielt, denn ich kann nicht krabbeln oder laufen.

Auf den ersten Blick kann ich tatsächlich kaum etwas, also nicht mehr, als es ein wenige Wochen altes Baby kann.

Ich bin, doch kann ich weder eigenständig sitzen, nicht mit meinen Händen greifen, noch etwas halten.

Irgendwie klingt es so, als bestünde mein Leben aus

ganz viel Nichts, doch da ist so viel mehr als nur das Nichts.

Ich möchte den roten Faden nicht verlieren. Die kleine rote Fluse, die sich durchs Leben zieht.

Mein Faden hatte sich anfänglich etwas verheddert, ist einmal gerissen und wurde wieder verknotet.

Nach der ersten Autofahrt meines Lebens kam ich in Krefeld an und wurde auf die Kinder-Intensiv-Station gebracht. Ich bezog dort ein Wärmebettchen und mir wurde ein dünner Schlauch durch die Nase bis in den Magen geschoben.

Sondenernährung wird dies genannt.

Es ist nicht so schlimm, wie es sich anhört, sollte es doch dafür sorgen, dass ich immer genug zu Essen bekam. Mit der Hand das Fläschchen zu geben dauerte den Ärzten zu lange, ich war nicht die einzige »Patientin« dort. Die warme Nahrung kam immer langsam durch den Schlauch gespritzt bei mir im Bauch an. Ohne viel Mühe für das Pflegepersonal, ohne großen Zeitaufwand.

Es war bereits damals traurig, dass es nie genug Zeit gab, genug Zeit für die Pflege. Ich hätte sicher auch mit anfänglich leichten Schluckproblemen, genug am Tag und in der Nacht getrunken, doch wer hätte schon die Muße in der Klinik gehabt, sich einem einzelnen Baby mehrere Stunden am Tag zu widmen?

*

Vor fast 30 Jahren lagen Frauen noch ungefähr zwei Wochen mit einem Kaiserschnitt im Krankenhaus.

Meine Mutter übte jeden Tag zu laufen, ging den Flur

der Wöchnerinnen Station rauf und runter, damit die Ärzte schnell das OK gaben, dass sie mich endlich würde besuchen können.

Nachdem mein Vater die ersten vier Tage immer alleine zwischen den Krankenhäusern pendelte, besuchten mich meine Eltern nach fünf Tagen gemeinsam.

Ein langer Gang, der wie ein Balkon von außen an den Stationen der Kinderintensivstation vorbeiführte, erlaubte beim Vorbeigehen schon einen ersten Blick auf mich und mein Bettchen.

Bevor meine Eltern in mein Zimmer konnten, gab es immer einen bestimmten, streng einzuhaltenden Ablauf zu befolgen.

Bei jedem Besuch musste immer eine bestimmte Prozedur durchlaufen werden. Hände waschen und desinfizieren, einen Kittel über die Kleidung ziehen. Erst dann durften meine Eltern und jeder andere, der die Station besuchte, sie betreten.

Keine Krankheit sollte von außen nach innen gebracht werden.

Der wirkliche Gegner für mein Leben wartete jedoch schon im Innern der Klinik auf seinen Einsatz.

ZWEI
- Der Feind hat Einzug gehalten -

Nach jeder Mahlzeit wurde etwas in mein Wärmebett-chen neben den Kopf gelegt. Dieses »Etwas« war ein Waschlappen.

In ihm befand sich immer die Einwegspritze, mit der ich mein Essen bekam. Meine Eltern sahen sie auch, die Spritze in meinem Bett, doch stellten sie keine Fragen, sondern vertrauten auf die Richtigkeit der Vorgehensweise.

Sie waren so jung und unerfahren.

Einwegspritze sollte bedeuten, einmal nutzen und weg damit, ab in den Abfalleimer. Doch dies geschah nicht so. Acht Spritzen für die gleiche Anzahl Mahlzei-ten am Tag waren wohl zu teuer. So wurde jede Sprit-ze wenigstens zweimal benutzt.

Ich bekam meine Babynahrung, dann wurde die Sprit-ze am Waschbecken ausgespült und in dem Waschlap-pen bis zur nächsten Essensgabe aufgehoben.

Da sich meine Mama und mein Papa voll und ganz auf die Fachleute im Krankenhaus verlassen hatten, dachten sie anfänglich auch nicht darüber nach, was es mit der Spritze und dem Waschlappen auf sich hat-te. Sie konnten es beobachten, doch ahnungslos und vertrauensvoll, wie sie waren, nahmen sie an, so wür-de es richtig sein.

Schließlich war es die Kinder-Intensiv-Station.

Nun sollte ich auch nicht nur drei Tage dortbleiben, die Ärzte wollten mich erst mit 2500 Gramm Gewicht nach Hause entlassen.

Samstags wurde ich geboren und an meinem ersten Donnerstag hatte ich etwas blutigen Stuhlgang. Untersuchungen ergaben, dass sich gleichzeitig eine Sepsis entwickelt hatte.

Ich hatte eine Blutvergiftung.

Es war nicht geplant, im Krankenhaus krank zu werden, ich sollte eigentlich nur Gewicht zulegen.

Drei Antibiotika, Binotal, Staphylex und Refobacin wurden mir vorsorglich gegen die am häufigsten auftretenden Keime in meinem Alter gegeben.

Erst zwei Tage später lag das Ergebnis der angelegten Blutkultur vor.

Der diagnostizierte Erreger hieß Klebsiella pneumoniae, eine Bakterienart, die zu den weltweit gefährlichsten Krankenhauskeimen zählt.

Jetzt hieß es, die tatsächlichen Bakterien zu bekämpfen.

Mir wurden neue Antibiotika verabreicht, Claforan und Gernebcin (Tobramicin) und so verblieb ich meine ersten drei Lebenswochen auf der Station.

Eine sonographische Untersuchung zeigte am 16.7. eine ein- bis zweigradige Hirnblutung im Bereich des linken Seitenventrikels. In Folgeuntersuchungen war eine Rückbildungstendenz dieser leichten Blutung zu erkennen, doch sie sollte in den nächsten Wochen noch eine wichtige Rolle einnehmen.

Am 27.07. endete die Gabe der Antibiotika und Montag, den 29.07. ließen die Ärzte endlich verlauten, dass ich am folgenden Freitag das Krankenhaus verlassen dürfte.

Meine Eltern waren überglücklich, endlich könnten sie mich mit nach Hause nehmen.

Ich wusste schon, wie es da aussehen würde, denn meine Eltern hatten mir alles über die Wohnung und mein Zimmer erzählt. Mama und Papa konnten es kaum erwarten, mich nach Moers zu holen und bereiteten alles für meinen Einzug vor.

Nur zwei Tage nach der freudigen Nachricht zerplatzte der Traum.

Starke Schmerzen ließen mich weinen und schreien. Zur Diagnosestellung wurde mir Liquor entnommen, Flüssigkeit aus dem Rückenmark.

Die Anzahl der weißen Blutkörper im Liquor war so hoch, dass er eitrig war.

Somit handelte es sich um eine Entzündung im zentralen Nervensystem.

Es war Mittwoch, als es vonseiten der Ärzte hieß, ich hätte eine Hirnhautentzündung.

Meine erneute Erkrankung war ein Rezidiv, denn alles wurde durch den gleichen Erreger wie bei der Sepsis hervorgerufen.

Die Liquorentnahme tat sehr weh und später flüsterte mir meine Mama zu, dass sie mich bei der Abnahme des Liquors schreien hörte, denn alles geschah ohne Betäubung.

*

Ich wurde innerhalb der Intensivstation in einen Bereich, für schwerere Fälle verlegt.

Wieder bekam ich Medikamente, Antibiotika und noch anderes, auch etwas gegen die Schmerzen.

Den Tropf hatte ich meistens am Kopf hängen und

durch tägliche Bestimmungen irgendwelcher Werte im Blut, waren meine Daumen nach und nach immer mehr zerstochen.

Mama und Papa konnten nur warten, bei mir sein, mein Händchen streicheln. Meine Mutter sang mir oft Lieder vor. Leise wollte sie nur für mich singen und meinte immer, ihre Stimme sei nicht für die Öffentlichkeit gedacht.

Für mich hatte sie die schönste Stimme, die ich kannte und ich fühlte mich wohlig, wenn ich sie hörte.

Noch heute genieße ich es, wenn meine Mama für mich singt.

Die Tage vergingen, die Liste mit den Medikamenten an meinem Bettchen wurde kürzer. Ein gutes Zeichen hieß es immer.

Je kürzer die Liste, umso gesünder der Patient. Die Antibiotika wurden am 27.08. abgesetzt. Der große Tag meiner Entlassung aus der Klinik war gekommen.

Nach knapp acht Wochen Klinikaufenthalt durfte ich endlich nach Hause.

Bei der Entlassung sagte der Arzt, was ich für ein Glück hatte. Ich hätte keine sichtbaren dauerhaften Schäden zurückbehalten. Er zählte auf, was mir alles erspart geblieben war, Hirn-Krämpfe, ein Herzstillstand und bleibende Hirnschäden.

Ich durfte als anscheinend gesundes Kind mit meinen Eltern die Klinik verlassen.

Luft außerhalb des Krankenhauses zu atmen, mein Zimmer sehen und bei Mama und Papa sein, Tag und Nacht.

Die Sorgen der letzten Wochen sollten endgültig vergessen werden und ein schönes Leben würde beginnen.

Der Schlauch war schon länger aus meiner Nase entfernt worden und meinen Eltern wurde ein spezieller Griff gezeigt, wie sie meine Flasche mit gespreizten Fingern halten mussten, um gleichzeitig mit der selben Hand stimulierende Bewegungen an meinem Kiefer ausüben zu können. Mit etwas Übung klappte es gut.
Es hört sich komplizierter an, als es ist.

In den nächsten Tagen lernte ich meine ganze Familie kennen. Ich hatte Omas und Opas, Uromas und einen Uropa, Tanten und Onkel.
Ich war das erste Kind einer neuen Generation in unserer Familie und spürte die Freude von allen, dass ich endlich zu Hause war.

Das Leben war schön, so schön, wie es mit zwei Monaten auf dem Lebenszeitkonto nur sein konnte.

Wir genossen eine Woche das glückliche und zufriedene Leben junger Eltern mit ihrem Baby.
Doch oft, wenn etwas zu schön ist, kommt jemand vorbei und macht dir einen Strich durch die Rechnung. Bei mir war der Quertreiber kein Unbekannter.
Klebsiella.
Die Bakterien hatten meinen Körper nie ganz verlassen.

Sie hatten sich ein gutes Versteck gesucht und in der schönen Woche zu Hause eine Party nach der anderen in mir gefeiert und sich unendlich vermehrt.

Es war Samstag, der 08.09. als ich nur noch weinen

konnte, meinen Kopf nach hinten in den Nacken schmiss und kreideweiß war.

War ich die Tage zuvor ein ruhiges und zufriedenes Baby, schrie ich an diesem Samstag unaufhörlich.

Meine Eltern wussten sich nicht anders zu helfen, als mit mir in die Klinik zu fahren. Die Klinik, in der die Ärzte waren, die mich kannten.

Überall woanders hätten noch viel mehr Erklärungen gemacht werden müssen.

Die eine Woche Normalität war Vergangenheit und nie mehr würde es solch eine Zeit der gelebten Normalität geben.

DREI
- Das Ende der Normalität -

Wir kamen in der Klinik an und meine Eltern übergaben mich erneut in fremde Hände.

Sie hörten noch, wie der Oberarzt mit einer anderen Ärztin im Weggehen sprach, dass so etwas schon einmal geschehen war, doch dann verschwanden die Ärzte hinter einer der Türen.

Meine Eltern konnten nur hoffen und bangten um mein Leben.

Verloren aber nicht alleine, so saßen sie auf nackten Kunststoffstühlen und warteten.

Ich wurde untersucht. Erneut wurde mir Liquor entnommen und die weißen Blutkörperchen darin waren diesmal unzählbar.

Dies bedeutete, ich hatte eine massivere Entzündung als zuvor. Jetzt handelte es sich nicht einzig um eine Hirnhautentzündung, nein, dieses Mal war auch mein Gehirn in Mitleidenschaft gezogen.

Ich hatte neben der Hirnhautentzündung auch eine massive Gehirnentzündung bekommen. Der richtige Fachbegriff hierfür lautet Meningoenzephalitis.

Zudem war mein Körper regelrecht mit *Klebsiellen* verseucht.

*

Erneut bezog ich ein Zimmer in der Klinik. Geräte, an die ich angeschlossen wurde, piepten und surrten.

Mir ging es schlecht, richtig schlecht.

Die Nacht überlebte ich und am Morgen des 09.09.1990 saß mein Papa neben meinem Bettchen und streichelte meine kleine Hand.

Ich wurde müde, immer müder und irgendwann spürte ich nichts mehr.

Keine Schmerzen, nichts.

Mein Herz hatte aufgehört zu schlagen.

Ich atmete nicht mehr.

Mein Vater rief sofort die Ärzte.

Er sah vorher, so erzählte er es mir später, wie sämtliche Farbe aus meinem Gesicht verschwand, die Adern blau heraustraten. Er hörte, wie das Gerät, das meinen Herzschlag überwachte, nur noch einen durchgehenden Piepton von sich gab.

Nachdem die Ärzte bei mir waren, rannte mein Papa den Flur entlang. Er musste meine Mama informieren. Sie telefonierte gerade an einem Münzfernsprecher im Krankenhaus mit ihren Eltern, wollte ihnen berichten, wie es mir in der Nacht ergangen war.

Durch das offene Treppenhaus rief er ihr eine Etage tiefer zu:

»Sie ist tot, sie ist tot.«

Alle Umstehenden konnten es mit anhören, doch sie existierten in diesem Moment für meine Eltern nicht.

Wie in Trance hastete Mama die Stufen der Treppe empor. Vorbei an entsetzten Gesichtern. Hände, die vor sprachlose Münder gehalten wurden.

Vor der geschlossenen Tür des Behandlungsraumes mussten sie erneut warten, sich gedulden. Gemeinsam saßen meine Eltern auf dem kalten Flur der Klinik und hofften auf ein Lebenszeichen von mir.

Sie warteten auf ihren Sitzen.

Nicht so, wie man darauf wartet, dass der Bus kommt. Es war die Art von Warten, bei der Sekunden zu Minuten und Minuten zu Stunden werden.

Es betäubt, raubt die Luft zum Atmen und lässt klares Denken kaum zu.

Angst behaftetes Warten ist die grausamste Form, wie Zeit verrinnen kann, einzig getragen von der Hoffnung auf ein erlösendes Wort.

Die Ärzte gaben an diesem Tag ihr Bestes und holten mich zurück ins Leben.

*

Ich lebte, jedoch alles, wirklich alles, das mir bei der ersten Hirnhautentzündung erspart geblieben war, trat nun in Erscheinung.

Den Tod hatte ich einmal besiegt. Jetzt plagten mich heftige Gehirn-Krämpfe. Zehn Tage wurde ich künstlich beatmet und in mir tobte ein fürchterlicher Kampf.

Valium und Phenobarbital sollte die starken Krämpfe, die mein Gesicht, meinen Mund und meine Gliedmaßen im Griff hatten, zügeln.

Selbst durch das künstliche Koma hindurch konnte man die heftigen Krämpfe in meinem Körper wüten sehen.

Wie eine Marionette an deren Fäden gezogen wurde, bewegte ich einen Arm langsam aufwärts. Er verharrte einen Moment in der Luft und sank fast schwebend wieder hinab auf das Laken.

Meine Augen und Lippen waren mit so viel Creme gegen das Austrocknen bedeckt, dass mein Gesicht wie eine kleine, verzerrte Clownsmaske wirkte.

Jeden Tag saßen meine Eltern an meinem Bett.

Sie konnten nur für mich da sein, bei mir sein, hoffen und darauf vertrauen, dass alles wieder gut werden würde.

Das grausame Warten saß stets mit ihnen im Raum.

Trotz intensivster antibiotischer Behandlung besserte sich mein Zustand nur zögerlich.

Nach und nach wurde die Liste der Medikamente wieder kürzer, und ich stand nicht mehr auf der Schwelle zwischen Leben und Tod.

Nachdem ich am 19.09. extubiert, vom Beatmungsgerät getrennt wurde, wurde ich auf eine Säuglingsstation verlegt.

Richtig gut ging es mir dennoch nicht. Heftige Kopfschmerzen ließen mein Leben zu einer quälenden Realität werden. Die einzige Möglichkeit, auf meine schlechte Lage aufmerksam zu machen, bestand darin, dass ich weinte.

So bekam ich Schmerzmittel.

Keine Schmerzen, kein weinendes Baby.

Am Tag hörte ich den leisen Gesang meiner Mutter.

Chris de Burgh, seine Lieder waren es, die mich und meine Mutter begleiteten.

»The girl with april in her eyes«, noch heute lausche ich, wenn meine Mama es mir vorsingt.

Irgendwann durften mich meine Eltern wieder auf den Armen halten. Ich spürte ihre Angst, irgendetwas falsch machen zu können, doch gab es keinen schöneren Platz, als bei meinem Vater oder meiner Mutter auf dem Arm.

*

Mein anhaltendes Weinen hatte Folgen.
Ein riesiger Nabelbruch zierte meinen kleinen Bauch.
Teile von meiner Bauchfettschürze und meines Darms traten durch eine zuvor nicht vorhandene Bruchpforte aus dem Bauchraum heraus.
Dies schien zu nebensächlich zu sein, als dass es ein Arzt oder eine Schwester meinen Eltern gegenüber erwähnt hätte.
»Dass so etwas schon mal passieren würde«, sagte eine Krankenschwester zu meinen Eltern, nachdem die beiden den Bruch selbst entdeckt hatten.
Auch wenn ein Nabelbruch eine Kleinigkeit zu meiner bisherigen Krankengeschichte war, meine Eltern waren entsetzt. Schockiert über die Tatsache, dass ich einen hatte und noch mehr darüber, dass es verschwiegen wurde, nicht erwähnenswert war.
Im Krankenhaus kümmerte man sich nicht um den Nabelbruch.
Ich bekam keine Bandage und trug nur meine Windel.
Lapidar wurde erwähnt, dass der Nabelbruch irgendwann operiert werden müsste.

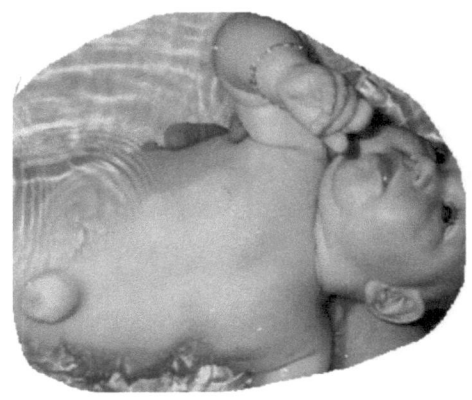

Ich greife etwas vor, wenn ich jetzt berichte, wie es
einige Wochen später zu Hause ablief.
Meine Mutter versorgte meinen Nabelbruch so, wie es
schon Generationen vorher machten.
Sie drückte den herausgetretenen Darm vorsichtig in
den Bauchraum zurück und klebte eine große Münze,
es war meist ein 5 DM Stück, mit Pflastern über meinem Nabel fest.
So war ein permanenter Gegendruck vorhanden, und
der Darm konnte sich nicht länger durch die Bauchdecke nach außen stülpen.
Der Erfolg sollte ihr mit dieser Maßnahme nach vielen
Monaten recht geben. Mein Nabelbruch verheilte ganz
ohne Operation.
Selbst mein späterer Kinderarzt war darüber sehr ver-
wundert und erfreut.

*

Ich hatte immer noch heftige Kopfschmerzen und

bewegte mich kaum. Die Tage im Krankenhaus vergingen ohne nennenswerte Behandlungen und als Kassenpatient wurde ich nun auf eine Privatstation verlegt. Ein Vorgang den meine Eltern als Abschieben auf ein Abstellgleis empfanden. Ich war nur noch Patient, offensichtlich wusste man nicht mehr, wie man mich weiter therapieren sollte.

Am 01.10. wurde eine MRT- Untersuchung, Aufnahmen vom Inneren meines Kopfes, gemacht.
Der nun zuständige Arzt war an den vorhergehenden Behandlungen nicht beteiligt, jedoch zeigte er meinen Eltern die Bilder und erklärte ihnen, dass ich massive Schädigungen am Gehirn hätte.

Durch die heftige Entzündung zeigten sich ausgedehnte Schädigungen meiner grauen und weißen Gehirnsubstanz in beiden Hirnhälften.
Zerstört, nicht mehr vorhanden.
Mein Gehirn sah aus wie ein Schweizer Käse, hatte viele Löcher und dunkle Flecke. Die Schäden waren so stark, dass bereits jetzt zu erkennen war, dass ich nie laufen, sprechen oder greifen können würde.
Ein eigenständiges Leben wäre damit auszuschließen.

Flüssigkeit aus abgestorbenem Gehirngewebe und Gehirnwasser hatte sich zwischen Gehirn und Schädeldecke angesammelt und drückte auf mein Resthirn.
Es waren extreme Schmerzen, die mich fast lähmten. Selbst an den Tagen nachdem die Aufnahmen existierten, wurde nichts dafür getan, dass sich mein Zustand bessern würde.

Dieser Arzt der Privatstation fuhr auf eigene Verantwortung mit den Aufnahmen meines Gehirns zur Uni Klinik nach Düsseldorf.

Die Klinik in Krefeld selbst war nicht aktiv geworden. Der engagierte Arzt riskierte es, Ärger zu bekommen, doch endlich war jemand da, der wirklich Einsatz für mich zeigte.

Als die Ärzte in Düsseldorf die Bilder meines Kopfes sahen, stand für sie fest, dass ich sofort am Kopf operiert werden müsste. Ohne diese Operation würde es mir nie besser gehen.

So wurde ich am 10.10. 1990 in die Uni Klinik nach Düsseldorf verlegt. Unfassbare zehn Tage nachdem die MRT Aufnahmen meine schweren Schädigungen sichtbar gemacht hatten.

Im Czerny Haus auf dem Gelände der Düsseldorfer Uni Klinik, stand mein Bett für die nächsten Wochen bereit.

Ein sehr altes, seit gefühlten Ewigkeiten nicht mehr renoviertes Gebäude, doch sollte man nie vom Äußeren auf die inneren Werte schließen.

Alle Ärzte und das gesamte Pflegepersonal waren hervorragend.

Ich war zu dieser Zeit die jüngste Patientin auf meiner Station. Die Ärzte und das Pflegepersonal kümmerten sich während der Abwesenheit meiner Eltern stets vorsorglich und liebevoll um mich.

Meine Eltern konnten immer nur am Tag bei mir sein, so wie die ganzen Wochen vorher. Sie mussten gut mit ihren Kräften haushalten.

Die Vorbereitungen für die Operation an meinem

Kopf wurden äußerst zügig getroffen.

Am 11.10. war es bereits soweit.

Es gab keine andere Wahl, um den Druck loszuwerden, musste die angesammelte Flüssigkeit abgelassen werden.

330 Milliliter, keine große Menge, so könnte man denken. Exakt der Inhalt einer Dose Cola. 330 Milliliter einer bräunlichen Flüssigkeit wurden jedoch aus meinem kleinen Babykopf abgelassen.

Ein Neugeborenengehirn wiegt circa 400 Gramm. Das entspricht ungefähr 25 % des Erwachsenengehirns.

Es verfügt jedoch schon über ebenso viele Nervenzellen, wie sie das Gehirn eines Erwachsenen später vorzuweisen hat.

Die kindlichen Neuronen sind bislang nicht ausgewachsen und es bedarf noch sehr vieler, sich bildende Verknüpfungen im Gehirn.

Im Verlauf des ersten Lebensjahres würde sich das Gewicht des Gehirns durch seine Entwicklung auf circa 75 % des Endgewichtes erhöhen.

In dieser Relation gesehen, sind 330 ml eine enorme Menge.

Mein zukünftiges Wissen, meine Eigenständigkeit, meine Fantasie, all das wurde aus meinem Kopf in irgendeine sterile Schüssel abgeleitet.

Der einzig positive Gedanke dabei ist, es blieb nicht genug von meinem Gehirn übrig, als dass ich mir in meinem späteren Leben Gedanken über mein Leben werde machen können.

Keine belastenden Vergleiche über das, was mir genommen wurde, über all das, was ich nicht mehr werde machen können.

Selbst das Vermissen wurde mir genommen.
Ja, mir wurde es genommen, doch meinen Eltern nicht. Sie mussten einen Weg finden, mit der Situation und mit mir umzugehen.
Ihr Bewusstsein war vorhanden. Ihr Schmerz war nicht nur ein Körperlicher wie bei mir. Körperliche Schmerzen vergehen, doch ihre Seelen hatten gelitten.
Die Seelen aller Eltern leiden, wenn es ihren Kindern nicht gut geht.
Mein Glück jedoch war, dass ich starke Eltern hatte.
Eltern, die mich so genommen haben, wie ich war. Nie stellten sie Anforderungen an mich, die ich nicht hätte bewältigen können.
Sie unterstützten und schützten mich. So wie es bedingungslos liebende Eltern machen.

*

Im Verlauf der Operation wurde mein Gehirn mit Antibiotikum gespült und der *Klebsiellen* Spuk war für immer beendet.
Die winzige Blutung in meinem Hirn, so fein wie ein Besenreiser, diente den *Klebsiellen* wahrscheinlich als Unterschlupf. Durch diese feinen Gefäßbahnen konnte das Antibiotikum sie dort nicht erreichen.
Den Ärzten wurde später bescheinigt, dass sie immer richtig gehandelt hätten, wenn sich bei mir Symptome einer Erkrankung zeigten.

Die äußerst wichtige Frage, warum ich diese *Klebsiellen* überhaupt bekam, wurde nie geklärt.

Für mich wird der Übertragungsweg immer die mehrfach verwendeten Einwegspritzen, mit denen ich meine Nahrung verabreicht bekam, bleiben.
Nie sagte jemand etwas dazu, konnte oder wollte erklären, wie der Weg der Infektion war.

Schicksal, es wurde als höhere Gewalt abgestempelt, etwas, bei dem ich weiß, dass meine Eltern häufiger damit haderten, es als schlichtes Schicksal zu sehen.

*

VIER
- Das Leben wagen -

Die Zeit im Czerny Haus sollte der Abschluss meiner so frühen Krankenhaus-Karriere sein.
Endlich war ich weitestgehend gesund. Einzig Gehirnkrämpfe, besser bekannt als epileptische Anfälle, wurden meine ständigen Begleiter.

Behinderung ist keine Krankheit, sondern ein Zustand, der in meinem Fall leider irreparabel ist.
Von meinem Gehirn war zu viel verloren gegangen, als dass man in die Hoffnung hätte verfallen können, dass andere Hirnbereiche die Aufgabe der verlorenen Hirnareale hätten übernehmen können.

Mein Kopfumfang blieb bei gut 41 cm stehen, nicht wirklich groß, doch fehlte es am sich ausdehnenden »Innenleben« das dafür gesorgt hätte, dass die Schädeldecke weiter wächst und somit auch der Kopfumfang größer wird. Bei Frauen liegt er im Durchschnitt zwischen 52 und 60 Zentimeter.

Meine Wangen- und Kieferknochen hingegen wuchsen weiter, was dazu führte, dass meine Kopfform ein wenig einer Birne ähnelt.

Ein üppiger Haarwuchs war mir in die Wiege gelegt worden, so konnte dieses kleine optische Defizit immer gut kaschiert werden.

Im Juli geboren, zog ich am 26. Oktober 1990 endlich für immer in mein zu Hause ein. Seit Monaten erwartete mich mein eigenes Zimmer, doch dies bewohnte ich vorerst nicht. Im Schlafzimmer meiner

Eltern stand eine Wiege aus Holz, mit Himmel und Nestchen. Dort sollte ich ursprünglich die Nächte verbringen.

Theorie und Praxis unterscheiden sich jedoch sehr oft.

Theoretisch hätte ich in der Wiege schlafen sollen, praktisch lag ich die ersten Monate fast immer bei meinen Eltern im Bett. Der schönste Platz war für mich auf oder im Arm meines Vaters oder meiner Mutter. Ich liebte die Nähe, brauchte sie. Viel mehr als alles andere benötigte ich Körpernähe.

Ich genoss es, gehalten zu werden und dabei den Herzschlag einer vertrauten Person zu hören. Ich musste sie riechen, konnte nicht genug vom Geruch meiner Eltern bekommen.

Zu lange hatte ich den sterilen, unpersönlichen Krankenhausgeruch geatmet.

Körperliche Nähe versprach mir Sicherheit und ich bekam so viel von ihr, dass mein Vertrauen ins Leben wuchs.

So wie es alle Eltern mit ihrem Baby machen, suchten sich auch meine Eltern einen Kinderarzt.

Unser weiteres Leben sollte so normal wie möglich verlaufen und deshalb stellte meine Mutter mich stolz bei einem Kinderarzt in Moers Repelen vor.

Nach einigen Floskeln und dem Gefühl, dort in der Praxis nicht gewollt zu sein, sagte der Arzt mit einer Kühle, die meiner Mutter bis zu diesem Zeitpunkt noch nicht begegnet war:

»Sie wissen ja, dass, je älter ihre Tochter wird, die Unterschiede zu den anderen Kindern ständig größer werden. Sie lernen Krabbeln, Laufen und Sprechen, das alles wird ihre Tochter nicht erlernen.

Und *diese Kinder* haben oft Probleme mit den Atemwegen.«

Dies und noch andere Pauschalisierungen, die jedoch im Nebel der Erinnerung verschwunden sind, schlug er meiner Mutter praktisch verbal um die Ohren.

Eiskalt und gefühllos.

Das fröhliche »Ich gehe jetzt wie jede andere Mama mit ihrem Kind zum Kinderarzt und stelle es einfach vor« wurde unter dem Stempel von »*Diese Kinder*« begraben.

Kein Zuspruch, kein Rat, keine Hilfe wurden ihr zuteil.

Der verbale Stempel aus dem Mund dieses Arztes, der uns von Anfang an das Gefühl gab, dass er nicht wissen würde, was er mit mir anfangen sollte und der es zudem so eisig und schroff verpackte, veranlasste meine Eltern, ihn nie wieder zu konsultieren.

Wir verließen die Praxis und meine Mutter schnallte mich in meinem Maxi Cosi neben sich auf dem Vordersitz an. Sie setzte sich hinter das Steuer und weinte. Ich weiß nicht wie lange wir nur im Auto saßen, aber sie schluchzte aus tiefster Seele.

Selbst dort bei einem »Fachmann« erfuhr sie keine Hilfe. Sie fühlte sich alleine, verloren und doch so verantwortlich für die Zukunft des kleinen Mädchens im Kindersitz neben ihr.

*

Wir mussten uns richtig kennenlernen.

Wie alle anderen Eltern hätten auch meine Eltern bei

einem nicht behinderten ersten Kind viel lernen müssen.

Ich machte es ihnen jedoch nicht immer leicht.

Das Schlucken klappte bei mir nach der Gehirnentzündung natürlich nicht besser als zuvor. Ich bekam mein Fläschchen weiterhin mit dem im Krankenhaus erlernten Griff.

Mein Kiefer wurde durch die abgespreizten Finger, auf denen die Flasche ruhte, stimuliert. Es wurde mit der Zeit zur Gewohnheit, doch wie schön wäre ein normales Trinken aus der Flasche gewesen.

Da ich keine großen Mengen auf einmal zu mir nehmen konnte, wandte meine Mama einen Trick an. Sie mischte die Babynahrung in einem anderen Verhältnis, als es auf der Packung angegeben war. Meine Mischung war viel dicker. Ich nahm gut an Gewicht zu, bekam richtige pralle Pausbacken und hatte ein wenig Speck auf den Rippen.

Es dauerte jedes Mal lange, bis ich ein Fläschchen geleert hatte. Jeder Schluck war hart erkämpft. Meine Eltern nahmen sich alle Zeit der Welt und es wurde unser normales Fläschchentempo.

Nie wieder sollte ich durch einen Schlauch ernährt werden, weder durch die Nase, noch durch den Bauch mit einer PEG, das ist eine perkutane endoskopische Gastrostomie.

Bis heute habe ich keinen Schlauch in meinem Körper, auch wenn es die bequemere Art wäre, mir mein Essen zu geben. Jedoch ist es auch eine im wahrsten Sinne geschmacklose Variante der Nahrungsaufnahme, der Mund bleibt unberührt.

Es ginge schneller, keine Frage. Es wäre einfacher, ohne Spucken und dem Risiko, mich zu verschlucken.

Doch bliebe es ein pures Füllen des Bauches. Und so nahmen sich meine Eltern selbst nach der Umstellung vom Fläschchen zum Brei, jeden Tag die Zeit, mir mein Essen auf die gute altmodische Art und Weise zu geben: mit dem Löffel.

Einzig an Tagen, an denen ich den Mund absolut nicht gut aufmachen möchte, überlisten sie mich ein wenig.

An diesen Tagen habe ich eine extreme Spannung im Kiefer. Einmal geschah es, dass ich trotz aller Vorsicht, einen Plastiklöffel für Babys zerbiss. Der abgebrochene Teil des Löffels lag noch hinten in meinem Mund. Meine Mutter hatte einige unruhige Momente, bis sie das scharfkantige Stückchen aus meinem Mund herausholen konnte, bevor ich es eventuell geschluckt hätte.

Sie vergaß alle Bedenken und griff in meinen Mund. Ich biss zu und erwischte einen ihrer Finger. Laut meiner Mutter beiße ich zu wie ein Pferd und lasse nicht mehr locker.

Tagelang schmerzte ihr Finger, doch das übliche »Sie macht es ja nicht mit Absicht« war zu hören. Sie war froh und erleichtert, das Stückchen vom Löffel aus meinem Mund gerettet zu haben.

Damit so etwas nicht noch einmal geschieht, wird mein Essen, Brei mit Banane oder Pudding, Honig und Walnussöl, an diesen Tagen flüssiger als sonst zubereitet.

Mit einer 50 oder 60 ml Spritze wird mir nach und nach meine Mahlzeit in kleinen Schüben vorsichtig in den Mund gespritzt.

Manchmal muss man einfach nur neue Wege einschlagen, sie wenigstens versuchen. So kann man auch etwas schwierigere Momente überbrücken und das Ziel erreichen.

Diese Zeit würde sich kein Pflegedienst nehmen können und auch kein Pflegeheim könnte dies bieten. Es würde nicht lange dauern, und ich hätte einen Schlauch durch die Bauchdecke im Magen.

Wenn ich so überlege, selbst in einem Krankenhaus hätte niemand die Zeit, mich weiter mit dem Löffel zu füttern. Ja, zu füttern, auch wenn der politisch korrekte Begriff »Essen anreichen« lautet.

In manchen Momenten wären meine Eltern mehr als dankbar für eine kleine »Lisa Gebrauchsanweisung« gewesen, ein paar Hinweise, etwas Rat, doch so ging es weiter mit dem Lernprogramm meiner Eltern, Erfahrungen sammeln, ohne mir dabei zu schaden.

Nachts wachte ich auf und weinte, und meine Eltern machten das, was alle Eltern machen, sie versuchten, die Ursache für mein Weinen zu finden. Sie dachten, ich hätte Durst und versuchten es mit Tee.

Nein, Durst hatte ich keinen.
Sie wechselten die Windel, es hätte ja sein können, dass dort etwas nicht stimmte, doch das war es auch nicht.
Sie machten mir Musik an, trugen mich herum, nahmen mich mit in ihr Bett.
Natürlich war es schön, in ihrem Bett bei ihnen zu liegen, doch dies zu erreichen war nicht der Grund meines Weinens.

Irgendwann merkten meine Eltern, was es war: Ich brauchte Licht, wenigstens eine kleine Lampe in der Nacht.
Wer hätte das gedacht, wo es doch hieß, ich sei blind!
Blind zu sein ist jedoch ein sehr weites Feld.

Zwischen absolut nichts sehen und hell/dunkel Unterscheidungen, bis hin zu einem winzigen Radius, indem man noch scharf sehen kann, gibt es so viele Arten der Blindheit.

Bei mir hieß es zuerst visuelle Agnosie, geistige Blindheit. Die Lichtreize, die in meine Augen eindrangen, konnten von meinem Gehirn nicht richtig verarbeitet werden. Ein späteres Gutachten bestätigte jedoch auch Nervenschäden an den Augen.

Meine Eltern meinten immer, es sei teilweise so, als hätte ich einen Schalter in meinem Kopf. Manchmal wird er für einen Moment kurz umgelegt.

Ich würde sie sehr genau ansehen. In der nächsten Sekunde kippt der Schalter zurück und meine Augen gehen getrennte Wege. Sie zeigen in unterschiedliche Richtungen und bewegen sich unkontrolliert.

Manchmal kann ich Lichtreize sehr gut wahrnehmen, selten versuchen meine Augen jedoch, etwas zu fixieren.

Im nächsten Augenblick stört es mich nicht, wenn mir ein sehr helles Licht in die Augen leuchtet. Meine Pupillen reagieren keinen Millimeter.

Besuchten wir meine Oma und meinen Opa, erkannte ich den Weg zu ihrer Wohnung anhand des wechselnden Lichteinfalls durch die Bäume hindurch. Meine Eltern hätten schwören können, dass ich registrierte, wohin es ging, denn ich zappelte oft freudig aufgeregt mit den Beinen, wenn sie mich trugen.

Wie sollten meine Eltern jedoch anfänglich darauf kommen, dass ich sehr gerne bei Licht schlafen möchte?

Viele, sehr viele Nächte habe ich ihnen deshalb den

Schlaf geraubt und häufig hörte ich ihre Worte: »Was möchtest Du nur?« und »Sie macht es ja nicht mit Absicht.«
Stimmt, ich glaube, ich bin gar nicht in der Lage etwas mit Absicht zu machen, ich reagiere einfach nur.
Ich reagiere, wenn mir etwas fehlt oder drückt, aber auch dann, wenn mir etwas richtig gut gefällt.

Es gibt vieles, dass sich über die Jahre immer wieder gleichbleibend durchgezogen hat, jedoch irgendwann auch einmal einen Anfang hatte.
Wie das Licht in der Nacht oder der Umgang mit meinen Krämpfen bis hin zu meinem Essen, das nur in kleinen Bereichen abwechslungsreich ist, mir aber gut bekommt.

Mensch ärgere dich nicht!
Ein Spiel, das sehr viele Menschen kennen und somit ist auch sehr vielen das Gefühl bekannt, wenn man auf die erste Sechs beim Würfeln wartet.
Das Spiel soll endlich mit einem selbst losgehen.
Man möchte dabei sein, mitmischen, nicht nur als Zuschauer anwesend sein. Einmal, ganz am Anfang, durfte ich auf das Startfeld hüpfen. Ich kam nicht sehr weit, wurde sehr schnell rausgeworfen und musste für immer meinen Platz auf der Beobachtungsposition beziehen. Nie mehr würde ich das Spielfeld des Lebens wirklich betreten.
Die Sechs war auf meinem Würfel verschwunden.
Ich bin dabei, doch ich lasse die anderen das Spiel des selbstbestimmten Lebens spielen.

Kein Ehrgeiz der Welt würde mich je auf das Spielfeld

zurückbringen, doch die Zuschauerposition will gelernt werden, auf beiden Seiten. In Verbindung mit mir mussten meine Eltern dieses Gefühl bei sich ausschalten.

Sie mussten akzeptieren, dass ich nie solch ein aktives Kind wie andere sein würde.

Einen Zustand zu akzeptieren, meinen Zustand zu akzeptieren, war eine schlichte Notwendigkeit, um nicht an der Situation zu zerbrechen.

Hoffnungen begräbt kaum jemand schnell, Eltern machen dies erst recht nicht. Gerne hält man eine Zeit an ihnen fest, manchmal ein Leben lang.

Sich den Tatsachen stellen, sie nicht verleugnen, ist die eine Sache. Ohne Resthoffnung auf, wenn auch kleine positive Entwicklungen, ohne die Zuversicht, mir ein lebenswertes Leben ermöglichen zu können, würde sich die benötigte Kraft nie regenerieren können, und Kraft wurde jeden Tag gebraucht.

Es lag noch ein langer Weg des Lernens vor uns, vor meinen Eltern.

FÜNF
- Das fehlende Lachen -

In meinem ersten Lebensjahr habe ich nie gelacht.
Ich musste Luminal nehmen, ein Medikament mit dem Wirkstoff Phenobarbital. Dieses Mittel sollte in meinem Gehirn dafür sorgen, dass elektrische Signale nicht unkontrolliert an meine Nervenzellen weitergeleitet wurden.

So sollten meine Krampfanfälle, die mich seit der Gehirnentzündung peinigten, unter Kontrolle gebracht werden. Wie zu der Zeit, als ich im künstlichen Koma lag und das Medikament bekam.

Das Mittel kontrollierte mich jedoch so stark, dass ich nicht in der Lage war, zu lachen.

Ich war irgendwie permanent sediert, völlig ruhiggestellt. Meine Krämpfe konnten dennoch nie ganz eingedämmt werden.

Jeder der ein Baby hat, weiß wie wichtig das erste Lachen ist, wie sehr darauf·gewartet wird, ist es doch ein Anzeiger für die Befindlichkeit des anvertrauten Menschenkindes.

Lachen macht glücklich, und es bei dem eigenen Baby zu sehen, macht unfassbar glücklich.

Auf Bildern wurde von meinen Verwandten nach meinem Lächeln gesucht. Auf einem Foto hätte man meinen können, ich würde es machen, lächeln, und nicht selten wurde gesagt:

»Da lacht Lisa doch.«

Aber nein, im Moment als das Bild geschossen wurde, fing ich an, in die Windel zu drücken, und zog die

Mundwinkel eher angestrengt nach oben.

Es ist schon zum Schmunzeln, wenn man bedenkt, welche Betätigung bei mir den Eindruck eines Lächelns vermittelte.

Es nicht zu sehen, sehnlichst darauf zu warten, weckt um so mehr den Wunsch, schürt jeden Tag die Hoffnung, es endlich zu erleben, zu sehen, wie sich der kleine Mund zu einem ersten Lächeln formt.

Ein fehlendes Stück vom Glückspuzzle, das im Moment noch dabei war, sich langsam durch kleine Teile aufzubauen.

Es war, als hätte man einen Karton in der Hand gehabt, einen Karton mit einem Bild der geträumten Zukunft darauf.

Durch ein Fingerschnippen des Schicksals war das Bild plötzlich verschwunden und nun wurde Tag für Tag versucht, ein neues, unbekanntes und doch schönes Bild entstehen zu lassen.

Ein Bild, das die Trauer und die Tränen der vergangenen Monate verdecken sollte.

Ich habe sie nicht gesehen, doch gespürt, besonders bei meinen Eltern, wenn sie alleine mit mir waren.

Wer kann es ihnen verdenken?

Nie in ihrem Leben waren sie hilfloser und standen doch ihrer größten Herausforderung gegenüber.

*

Den Zusammenhang zwischen Medikament und fehlender Emotion konnten meine Eltern nicht wirklich herstellen, solche Medikamente waren Neuland für sie. Das Ausmaß meiner Behinderung in all seinen

Facetten war noch nicht wirklich greifbar.

Niemand konnte ihnen sagen, was ich einmal können würde, nur, wozu ich nie in der Lage sein würde, das konnten sie ihnen direkt auf den Kopf zu sagen.

Keiner konnte sagen, wie ich mich genau entwickeln würde, ich passte in kein Schema.

Niemand wagte eine Prognose, die meine Lebenserwartung betraf.

Hätte sie jemand äußern wollen oder können, nein, meine Eltern wollten es nicht wissen, konnten nicht auf einen Zeitpunkt X hinzuleben.

Heute, wenn sie mit jemandem, der mich lange nicht gesehen hat, über mich sprechen und mein Alter erwähnen, erleben es meine Eltern manchmal, dass ein »Oooh« oder ein »Oh, doch schon so alt« folgt.

Unbewusst geäußert, doch mit dem Gesichtsausdruck des Sagenden verbunden, wird deutlich, dass der oder die nicht damit gerechnet hat, dass ich je so alt werde, wie ich jetzt bin.

*

Regelmäßig fuhren meine Eltern mit mir in die Uni Klinik nach Düsseldorf, um dort ein EEG (Elektroenzephalogramm) aufzeichnen zu lassen.

Meine Hirnströme wurden gemessen.

Meistens zeigten die Linien auf dem Papier kaum Eigenaktivität meines Gehirns an, fast Nulllinien.

War ich jedoch in einem Krampfzustand, schlugen die Linien steile Haken.

Hochgradig pathologisch, so wurde es genannt.

Sich immer wieder diese fast Null-Aktivität ansehen zu müssen, sie auf Blättern schwarz auf weiß vorgeführt zu bekommen, war schwer für meine Eltern. Zudem waren diese Untersuchungen jedes Mal Stress für mich.

Meine Eltern hatten sich und mir geschworen, nie zuzulassen, dass mit mir irgendwelche medizinischen Untersuchungen oder Operationen gemacht werden, die nicht dazu führen, dass sich mein Leben wirklich verbessert.

Das ewig wiederkehrende EEG brachte für mein Leben keine Verbesserung. Es war eher so, als würde man sich dasselbe traurige Buch immer und immer wieder durchlesen.

Nie würde etwas Neues darin stehen.

Der August 1991 kam, das Luminal versagte seine Wirkung.

Ich krampfte mehr und mehr und die Ärzte entschieden sich dazu, eine Medikamentenumstellung durchzuführen.

Mein Zustand sollte kein Füllmaterial für irgendwelche Statistiken bieten und so beendeten meine Eltern eine Zeit nach der folgenden Medikamentenumstellung die Aufzeichnungen meiner Hirnströme.

SECHS
- Krämpfe -

Ein Krampf in meinem Kopf kann sich ganz unterschiedlich zeigen.

Früher hatte ich sehr oft BNS Krampfanfälle, Blitz-Nick-Salaam Krämpfe.

Plötzlich riss ich die Arme seitlich nach vorne und gleichzeitig bewegte sich mein Kopf in Richtung meiner Brust. Verlangsamt würde diese Bewegung aussehen, wie ein sich beim Gebet nach vorne beugender Muslim.

Diese Krämpfe kamen aus heiterem Himmel und die Bewegung startete blitzschnell. Dabei schrie ich schrill und sehr laut auf.

Einmal saß ich bei meinem Vater auf dem Schoß. Mein Rücken war gegen seinen Bauch gelehnt. Meine Hände ruhten auf der Tischplatte des Tisches vor uns. Seiner schnellen Reaktion war es zu verdanken, dass ich nicht mit dem Kopf auf die Tischplatte aufschlug, als ich plötzlich solch einen Krampf bekam. Von da an saß ich immer seitwärts und nie direkt vor dem Tisch.

Ein Krampf ist wie ein Gewitter im Kopf. Nervenblitze treiben ihr Unwesen im Hirn und führen zu einer gewaltigen Reizüberlastung. Jeder Krampf ist immer eine kurze Folter für meinen gesamten Organismus.

Der Körper ist nicht mehr unter Kontrolle, Gliedmaßen verkrampfen sich zudem.

Mein Blick spiegelt die Panik, die mir in diesen Momenten oder Minuten innewohnt, wieder. Mein Herz rattert wie eine Nähmaschine. Es rast und rast, dass ich entweder fürchte, es würde im nächsten Moment aus meinem kleinen Körper springen oder einfach aufhört zu schlagen.

Einfach aufhören, weil jedes Herz nur eine gewisse Schlagzahl im Leben zur Verfügung hat. Mein Herz verbraucht bei einem Krampf immer zukünftige Schläge.

Meine Hände werden schweißnass, mein Gesicht rötet sich und ich schreie dabei. Manchmal ein langes »Huuhuuuuu«, eine Folge eher tiefer Töne, oder auch laute, schrille Schreie.

Zwei Sätze, meine Krämpfe betreffend, bekamen meine Eltern von den Ärzten mit auf den Weg:

1. Jeder Krampf kann tödlich sein
2. Krämpfe sind nicht beeinflussbar.

Ich lebe noch, obwohl ich Hunderte, Tausende Krämpfe in meinem Leben hatte. Krämpfe die zukünftige Herzschläge aufbrauchten.

Bei jedem meiner Krämpfe zieht sich das Herz der Menschen um mich herum ein wenig zusammen.

Anzusehen und mitzuerleben, wie ich dadurch leide, schmerzt jeden, der mich liebt.

Die Angst, die der Erste der beiden Sätze auslöste, musste irgendwie verdrängt werden. Jeden Tag zu denken, ich könnte dadurch sterben, war unerträglich.

Meine Eltern, später auch meine Geschwister, mussten sich zwangsläufig daran gewöhnen, durften es nicht immer wieder erneut, tief an sich heranlassen.

Jedoch kann sich meine Mutter an drei sehr bedrückende Situationen erinnern.

Ich krampfte dabei heftiger als sonst und urplötzlich durchfuhr sie vehement die Angst, dass sie für sich dachte: »Soll das jetzt der Moment sein?«

Angst ist ein grausamer Begleiter.

Es lebt sich besser, wenn man lernt, sie zu unterdrücken. Zuweilen macht sie jedoch ihr Spiel mit dir und springt dich hinterrücks an.

*

Meine Eltern fanden Wege, Krämpfe zu beeinflussen.

Dass Krämpfe nicht beeinflussbar sind, kann von sich aus nicht stimmen. Kann etwas von außen provoziert werden, muss es auch Mechanismen geben, die wenigstens zeitweise von außen dagegen wirken können. Manchmal, leider nicht immer.

Flackerlicht in einer Diskothek, besser Klub, wie es heute heißt, oder das flackernde Licht, während man eine Allee entlang fährt. Beides kann bei einem Epileptiker einen Anfall provozieren.

Demnach kann Licht einen so starken Reiz ausüben, um einen Krampf heraufzubeschwören. Im Umkehrschluss müsste es dazu beitragen können, einen starken Gegenreiz bewusst zu setzen. Natürlich nur dann, wenn das flackernde Licht, oder Licht generell, nicht Auslöser für den jeweiligen Krampf war.

Es gibt verschiedene Faktoren, die bei mir dazu führen können, dass sich in meinem Kopf ein Krampf zusammenbraut, entwickelt.

Oft baut er sich Stück für Stück auf, bis er letztendlich

aus mir herausbricht. Wie das kochende Wasser den Topfdeckel zum Beben bringt.
Selten spielen mehrere Faktoren zusammen, meist ist es nur eine Komponente.

*

1. Der Mond.

Lange Zeit reagierte ich bei Vollmond mit heftiger Unruhe und vermehrten Krämpfen.
Ich schlief sehr schlecht und arbeitete über Stunden auf einen Krampf hin.
Irgendwann bemerkten meine Eltern, dass ich auch auf den Neumond reagierte.
Vielleicht war schon immer der Neumond ein zusätzlicher Auslöser, doch diese Beobachtungen, diese Feststellungen, wann ich besonders oft krampfte, machten meine Eltern natürlich über eine sehr lange Zeit.

Es dauerte Jahre, bis sie es irgendwie einordnen konnten, weshalb gerade jetzt oder heute ein Krampf kommt oder sich sicherlich einstellen wird.

Zeichen lesen zu lernen braucht Zeit, denn nicht immer schließt man sofort die richtigen Schlüsse.
Den berühmten »Aha-Effekt« gab es sicher häufiger.
Oft stand zuerst eine Vermutung im Raum, irgendwann wurde sie bestätigt.

Wie froh wären meine Eltern gewesen, hätten sie bei meinem Auszug aus dem Krankenhaus ein Büchlein mit dem Wissen von heute zur Hand gehabt.
Es hätte sicher einiges leichter, oder wenigstens anfänglich verständlicher gemacht.
Doch so ist das Leben nicht angelegt.

Wissen muss sehr oft hart erarbeitet werden. Erfahrungen müssen gemacht und das Gelernte danach gut umgesetzt werden.

*

2. Wetterwechsel, aufziehende Schlechtwetterfronten.

Der Himmel über meiner Heimatstadt Moers leuchtet klar und herrlich blau. Ich hingegen spüre herannahendes, noch nicht sichtbares Schlechtwetter ganz deutlich.
Ich beginne weinerlich, quengelig zu werden. Eine innere Unruhe packt mich. Monotone Töne kommen in Intervallen aus mir heraus. Manchmal klinge ich wie ein waidwundes Tier, als betraure ich die ganze Welt. Ich sei in solchen Momenten die beste Wetterstation, die man sich denken kann. So sagten es meine Eltern oft, denn sehr häufig zogen, Stunden nachdem ich mit meinem monotonen Singsang begann, dunkle Wolken am Himmel auf.
Und nein, ich kann sie nicht herbeirufen, diese Regenwolken, ich spüre sie nur ganz genau heranziehen. So wie sich die Wolkenformationen am Himmel aufbauen und verändern, spielt es sich auch in meinem Kopf ab. Der Druck steigert sich bis er sich schlagartig in einem Krampf entlädt.

3. Zahnungsschmerzen.

Auch ich blieb nicht davon verschont, Zähne zu bekommen. Ein Thema, bei dem jeder der Kinder hat, gut mitreden kann.

Zahnen schmerzt, bereitet Unwohlsein. Die Zähne müssen sich durch das Zahnfleisch durcharbeiten. Mein Medikament sorgt für verstärktes Zahnfleischwachstum, keine gute Voraussetzung für leichtes Zahnen. Übermäßiger Speichelfluss, bedingt durch das Zahnen, führte bei mir zu häufigerem Verschlucken und den wunden Popo, durch die andere Zusammensetzung des Speichels in diesen Zeiten, bekam ich auch häufig.

Es gibt eine grobe Reihenfolge, einen ungefähren zeitlichen Ablauf, wann die ersten und die folgenden Zähne sichtbar werden. Mit gut drei Jahren sollte das Milchgebiss komplett sein.

Doch diese zeitliche Regelung galt bei mir nicht. Es brauchte sehr lange, bis all meine Milchzähne einigermaßen an Ort und Stelle waren. Selbst heute noch arbeiten meine bleibenden Zähne und sind teilweise noch nicht ganz herausgewachsen. Doch wer denkt bei einem volljährigen Kind unbedingt immer an durchbrechende Zähne?

Weisheitszähne, ja, die kommen immer spät, meine sind noch nicht da, wer weiß, ob sie sich noch zeigen.

Nie kaute ich auf meinen eigenen Fingern herum, um mir dadurch selbst etwas Erleichterung zu verschaffen. Ich kann es einfach nicht. So massierten mir meine Eltern mein Zahnfleisch, auch als ich schon älter war.

Beißringe und Sonstiges waren nicht hilfreich. Selbst wenn ich schon genug Druck auf das Zahnfleisch ausüben würde, lasse ich nicht locker, wenn ich einmal zubeiße. Ich würde immer weiter zubeißen und nicht merken, dass ich mir selbst damit noch mehr wehtue.

Natürlich ist das Zahnen ein normales Kleinkind Problem. Zähne verlieren und neue Zähne bekommen.
Die ganz Kleinen können die Eltern grübeln lassen, warum sie jammern und klagen. Später jedoch können sie sich mitteilen, können es sagen oder darauf zeigen. Noch nie habe ich auch nur einen Finger gezielt auf etwas richten können.
Ich gehöre leider immer zu den Kleinen, auch mit zunehmenden Lebensjahren. Das Raten und Möglichkeiten abklappern, hört nie auf.
»Trial and Error«, »Versuch und Fehler«, so oft, bis es irgendwann einmal »Success« oder »Erfolg« heißt.

All das hat es für meine Eltern nie wirklich leichter werden lassen. Die helfenden Hinweise meinerseits fehlen. Wo der Grund zu finden ist, dass ich mich unwohl fühle, bleibt ein ewiges Raten.
So dauerte es selbst mit stetig steigenden Erfahrungen in späteren Jahren manchmal lange, bis sie bemerkten, dass sich irgendwo im Mund ein Zahn seinen Weg bahnte. Gerne auch an einer Stelle, wo er nicht wirklich hingehörte.
Dieser teilweise quälende Vorgang konnte dazu führen, dass ich in solchen Phasen mehr krampfte. Schmerzmittel konnten mir meine Eltern immer nur wohldosiert geben, denn jede Medikamentengabe ist eine zusätzliche Belastung für die Organe. Mein kleiner Körper musste schon meine Medizin gegen die Krämpfe verarbeiten.
Von daher waren meine Eltern immer sehr vorsichtig mit zusätzlichen Mitteln.

Doch eines wussten die Beiden immer instinktiv.

Ich brauchte sehr viel Ruhe, denn Stress war ein weiterer Faktor, um Krämpfe bei mir hervorzurufen.

*

4. Stress.

Ruhe überträgt sich oft von einem auf den anderen Menschen. Auch Tiere können sich beruhigend auswirken.
Unruhe kann ebenso übertragen werden. Nervöses Verhalten bei einem anderen kann einen geradezu kribbelig machen.
Manch einer braucht sehr viel Trubel um sich herum, ich gehöre eher zu den Ruhesuchern.
Nicht, dass ich etwas gegen zeitweises Gewusel habe, doch es muss immer die Grenze zwischen positivem und negativem Stress gesehen werden.
Bei sich selbst stellt man sehr gut fest, wann es einem zu viel wird, es bei einem anderen zu sehen, ist wieder eine andere Sache.
Wieder bedarf es Zeit, es ist ein Ausprobieren der Belastbarkeit, ein Herantasten und irgendwann entwickelt man ein Gefühl dafür.
Stress machte sich einmal besonders bemerkbar. Es war im Jahr 2000, ich war bereits zehn Jahre alt und wir befanden uns in den Vorbereitungen zu einem Umzug in ein Haus. Meine Eltern konnten einen Bungalow mieten.
Ein Bungalow ist optimal, wenn man einen Rollstuhl benötigt.

Er hat keine störenden Treppen, die im Alltag zu bewältigen sind.

Immer, wenn meinen Eltern ihr Gefühl sagte, es sei besser, ich würde zu Hause bleiben und nicht in die Schule gehen, konnte ich auch jederzeit zu Hause bleiben und meine Ruhe genießen.

An diesem bestimmten Tag standen sehr viele Dinge, die erledigt werden mussten, auf dem Plan, sodass ich doch zur Schule fahren sollte.

Meine Eltern waren im Vorbereitungsstress und riskierten, doch einmal gegen ihr Bauchgefühl zu handeln.

Der eine Tag wäre schon OK.

Sie konnten mich nicht mit in die Baumärkte nehmen, das wäre noch unruhiger für mich. Einen Babysitter hat man auch nicht immer spontan an der Hand, und zu oft mochten meine Eltern auch nicht auf die Hilfe oder Dienste anderer zurückgreifen. Lange Rede kurzer Sinn, ich wurde ganz normal am Morgen mit dem Rollstuhlbus zur Schule gefahren. Meine Eltern begannen ihre Baumarkttour, die zufällig an meiner Schule vorbeiführte. Hinter ihnen erschien ein Rettungswagen mit Blaulicht.

Wie mir meine Mutter später erzählte, sagte sie in dem Moment noch, »Wer weiß, zu wem der Rettungswagen fährt.«

Dass er auf dem Weg zu mir war, konnte sie nicht ahnen, doch als sie zu Hause ankamen, erfuhren sie es sehr schnell.

Auf dem Anrufbeantworter waren etliche Nachrichten meiner Lehrer. Ich hätte so stark gekrampft, dass sie den Notarzt gerufen hatten. Nun wäre ich im Krankenhaus. Weitere Auskünfte zu meinem Zustand konnten sie auch nach telefonischer Nachfrage nicht geben.

Zu dieser Zeit hatte ich schon Geschwister, über die ich erst an anderer Stelle berichte. Mein Vater musste zu Hause bleiben, um meine Schwester, die aus der Grundschule kam, in Empfang zu nehmen.

Meine Mutter fuhr, um es mit ihren Worten zu sagen, wie eine »gesengte Sau« ins Krankenhaus. Tausend Gedanken gingen ihr durch den Kopf, natürlich, wie so oft auch der, dass jeder Krampf tödlich sein könnte.

Sie hatte keine Ahnung, was sie erwarten würde, fragte sich im Krankenhaus durch und kam zu dem Zimmer, in dem ich lag. Die Klinke der geöffneten Tür noch in der Hand haltend, blickte sie zuerst in das Gesicht der Lehrerin, die die ganze Zeit bei mir geblieben war.

Eine zentnerschwere Last fiel in diesem Moment von der Lehrkraft ab. Ihr war anzusehen, wie erleichtert sie war, die Verantwortung jetzt in die Hände meiner Mutter legen zu können.

Ich hingegen lag munter in dem großen Bett, der Krampf war lange vorbei und ich brauchte einfach Ruhe, um schlafen zu können.

Meine Lehrerin verabschiedete sich mit Tränen in den Augen von meiner Mutter und mir.

Die Bürde der Verantwortung kann sehr drückend sein, besonders in den hilflosen Momenten.

An diesem Tag hat sie einen wirklichen Einblick nehmen können, welche emotionale Last auf den Schultern der Eltern ruht. Zu den Eltern kommt jedoch niemand, der ihnen diese Last wirklich nehmen kann.

Eltern sein bedeutet, die Verantwortung und die

permanente Fürsorgepflicht zu haben, und dies sind nicht einfach nur Worte.

Es ist eine innere Einstellung, ob man sich dieser Verantwortung, dieser Fürsorgepflicht stellt. Ob man sie mit Haut und Haaren annimmt und vieles dafür selbstverständlich hinten anstellt.

Ohne Wenn und Aber.

Und dies gilt für alle Eltern, nicht nur für die Eltern behinderter Kinder.

Der einzige Unterschied, nicht behinderte Kinder werden in der Regel Stück für Stück, Jahr für Jahr selbstständiger. Sie verlassen Schritt für Schritt das heimische Nest, sind irgendwann flügge und fliegen hinaus in die Welt.

Für mich wird es das nie geben, voranschreitende Selbstständigkeit.

Ich bleibe das ewige Baby und bedarf mein Leben lang der Fürsorge, die ein Kleinstkind braucht.

Wieder einmal wandern die Gedanken ab, jedoch ist stets alles mit allem verwoben. Die Entwicklungen in meinem Leben hängen immer zusammen. Sie bilden Knotenpunkte, von denen aus die einzelnen Lebensphasen abzweigen, um sich doch irgendwo wieder zu treffen und neu verknüpfen.

Der Stress war in den Tagen der Renovierung und des Umzuges zu viel für mich. Ich bekam nicht genug Ruhe, doch das sollte sich alles ändern.

Meine Mutter nahm mich auf eigene Verantwortung sofort aus dem Krankenhaus mit nach Hause.

Schlagartig war ihnen wieder bewusst, was wirklich wichtig ist. Nicht, dass alles perfekt an seinem Ort steht, jeder Umzugskarton akkurat gepackt ist und jede Lampe richtig angebracht wurde.

Die Harmonie muss stimmen, der Gleichklang im Leben vorhanden sein und Stress so gut es geht, vermieden werden.

Einen Gang oder mehrere herunterschalten, Wichtigkeiten wieder neu erkennen.

Manchmal drohen sie im Alltag zu verschwinden oder verschoben zu werden.

Es ist nicht immer leicht, doch wenn man wirklich weiß, tatsächlich erkennt, was im Leben wichtig ist, dann kann man auch eine Zeit gut zwischen unausgepackten Kartons leben. Es muss nicht alles innerhalb von Rekordzeiten erledigt werden und Dinge dürfen auch liegen bleiben und warten. Warten bis ihre Zeit gekommen ist.

Ein Mensch jedoch kann nicht einfach liegen gelassen werden. Ein Mensch kann nicht, darf nicht einfach übersehen werden. Bedürfnisse, besonders wenn sie wie bei mir, doch so einfach zu erfüllen sind, die Bedürfnisse eines Menschen dürfen nie vergessen werden, nie aus den Augen gelassen werden.

Und dennoch passiert es, kann es jedem passieren. Niemand ist perfekt, eine so wahre und doch so simple Weisheit.

»Einen Schuss vor den Bug bekommen« nennt man es oft so flapsig, doch manchmal bedarf es eines solchen Schusses, um wieder den richtigen Weg zu sehen, wieder das wirklich Wichtige im Leben vor Augen zu haben.

Fast könnte es so erscheinen, als hätte ich den Faden wieder verloren, aber nein, es fehlt noch ein Punkt bei den Faktoren, die einen Krampf, wenigstens bei mir, auslösen können: Lärm.

5. Lärm.

Plötzliche Geräusche erschrecken mich ganz besonders, dies ist unter anderem auch meiner Blindheit geschuldet. Ich kann mich nicht darauf einstellen, dass es gleich ein lautes Geräusch geben wird.

Auch verstehe ich nicht, wenn mich jemand mit Worten darauf vorbereiten möchte, dass es eventuell gleich lauter werden wird. Ich begreife es nicht, weil ich den Sinn der Worte nie verstehen werde.

Mein Gehör ist sehr gut, das wurde mir nicht genommen.

Ich kann Stimmen unterscheiden, erkenne mir bekannte Tonlagen wieder, empfinde Wohligkeit bei sanften Tönen und habe richtig Spaß an hellen, quietschenden Geräuschen. Ich mag Rasseln, Quietschetiere und ich liebe den Klang von Babystimmen.

Wenn es nach mir gegangen wäre, hätten meine Eltern noch sehr viele Kinder bekommen können. Ich genieße es immer, den Klang eines Babys zu hören. Zweimal wurde mein stiller Wunsch erfüllt, ich bekam eine Schwester und einen Bruder.

So wie mich Geräusche sehr stark erschrecken können, so sehr kann mich ein plötzliches Geräusch aber auch aus einer Krampf-Vorbereitungsphase herausholen.

Der sprichwörtliche innere Ruck durchfährt mich dann und löst einige eingeklemmte Schalter oder Synapsen.

Ich kann es nicht besser erklären, es ist als würde

die Nadel auf einer Schallplatte endlich über die holpernde Stelle springen und die Musik spielt ganz normal weiter.

Dies kann gelingen, es gibt aber keine Garantie fürs Gelingen. Über die langen Jahre hat es mich hier und da immer aus einer solch unangenehmen Situation befreit.

Ja befreit, denn es ist wie gefangen sein. Eingesperrt in der Klammer der eigenen inneren Welt.

Nichts wird mehr wahrgenommen. Eine Monotonie des Jammerns kommt einzig aus meinem Mund. Eine für alle, die es mitbekommen, nervenzerfetzende Eintönigkeit.

Doch all dies ist nichts gegen den Kampf der Synapsen in meinem Innern. Ein plötzliches Klatschen, ein lautes Quietschen kann mich manchmal aus dieser Beklemmung befreien. Die Spirale wird durchtrennt, die unsichtbaren inneren Schalter sind wieder umgelegt.

*

Im August 1991 ließ die Wirkung des Luminals so sehr nach, dass im Czerny Haus der Düsseldorfer Uni Kliniken eine Medikamentenumstellung erfolgen sollte.

Das Luminal musste langsam abgesetzt werden, Ausschleichen wird diese Phase genannt. Dies muss unter ärztlicher Kontrolle stattfinden, denn gleichzeitig musste ich an das neue Medikament gewöhnt werden.

Ich wurde zusammen mit meiner Mutter eingewiesen.

Es war für alle Beteiligten der einfachste Weg, wenn

sich meine Mutter wie gewohnt um mich kümmern konnte. Diese Aufgabe hätten die Schwestern und Pfleger nicht einfach so erfüllen können.

Wir bezogen ein Zimmer für uns alleine, und jeder bekam ein eigenes Bett.

Zu dem Zeitpunkt war meine Mama bereits mit meiner Schwester schwanger. Trotz der ganzen Sorgen um mich, um meinen Start ins Leben, hatten meine Eltern den Mut, weitere Kinder zu bekommen.

Wenn mich meine Mutter auf dem Schoß sitzen hatte, erzählte sie mir immer alles, was ihr auf dem Herzen lag und bis heute ist es so geblieben, dass ich oft auf ihrem Schoß sitze. Sie hält mich, während ich mein Essen bekomme, beruhigt mich dort, wenn ich weine oder unruhig bin oder einfach nur so, weil es für mich ein Wohlfühlort ist. So wie sicherlich auch für viele andere Kinder der Platz auf dem Schoß eines nahen Menschen ein Wohlfühlort ist.

Eines konnte ich immer gut, zuhören. Ich bin der perfekte Zuhörer, ohne auch nur ein Wort dazwischenzureden. Stundenlang kann ich auf dem Schoß sitzen und lauschen.

Auch in meinem späteren Leben, besonders in der Schule, wurde ich von den Mitschülern dafür geliebt, dass sie mir alles anvertrauen konnten und nie in Gefahr liefen, dass ich etwas ausplaudern würde.

Manche Dinge müssen einfach ausgesprochen werden, müssen in die Welt geschickt werden.

Kann ich dann jemanden mein Ohr dafür anbieten, ist beiden gedient. Der eine kann sich Luft machen und ich werde unterhalten. Ich bin eine Vertrauensperson, ein lebendes Sorgenpüppchen. Bei mir ist alles Gesagte gut aufgehoben.

Meine Mutter erzählte mir, dass es auch für sie und meinen Vater wichtig wäre, weitere Kinder zu bekommen. Beide befürchteten, sonst in der Welt rund um die Behinderung gefangen zu sein und wollten weitestgehend die Normalität einer Familie leben können.

Sie wollten teilhaben an dem, was so viele andere Familien auch haben. Kinder, die zum Spielen vorbeikommen würden. Gespräche, die sich nicht nur darum drehten, welches Medikament genommen wird, welchen Therapeuten man aufsucht oder welche Behinderung vorliegt.

Meine Mutter befürchtete, dass sich ihr Leben wie eine nie endende Karussellfahrt anfühlen würde, wenn sich in ihrem Leben fast alles nur noch um ein behindertes Kind, nur um mich drehen würde.

So viele normale Elternmomente würde es nie geben. Die Sehnsucht und das Vermissen würden eine schmerzhafte Dauererscheinung bleiben.

Das Leben mit mir bedeutete auch immer, ein Stück weit mehr verzichten zu müssen, auch wenn einem auf der anderen Seite so viel geschenkt wurde.

Ich sei das Sahnehäubchen auf ihrem Leben. So nannte mich meine Mutter oft.

Ist es nicht das Sahnehäubchen, das aus etwas Normalem etwas Besonderes macht?

Meine Eltern waren sich einig. Hätten sie auf andere gehört, wurde ihnen eher der Rat entgegengebracht, sich einzig auf mich zu konzentrieren.

Ich würde viel Zeit beanspruchen und eventuell zu kurz kommen, wenn ich Geschwister hätte.

Niemand der anderen musste jedoch das Leben

meiner Eltern führen, so war es einzig ihre Entscheidung und es war gut und wurde nie auch nur einen Tag bereut.

Ihr Wunsch erfüllte sich schneller, als sie es gedacht hätten.

*

Mehr oder weniger zu dritt bezogen wir das Zimmer im Czerny Haus. Meine Mutter kümmerte sich die ganze Zeit um mich und nahm dadurch den Schwestern und Pflegern einen Großteil ihrer Arbeit mit mir ab.

Es kam mir jetzt zu Gute, dass ich in den Monaten vorher eine gute Speckschicht angelegt hatte. In der nächsten Zeit konnte ich kaum Essen bei mir behalten. Permanent musste ich mich erbrechen.

So gesehen kam der Sinn des Ganzen wie immer zum Vorschein, auch wenn man es vorher so nie gedacht hätte. Ich hatte genug Polster, um diese anstrengende Zeit gut zu überstehen.

Ergenyl hieß mein neues Medikament, Natriumvalproat ist der Wirkstoff und es schmeckt ekelig. Noch heute nehme ich es morgens und abends zu den Mahlzeiten.

Meine Sinne, mein Hirn, werden durch das Ergenyl nicht so benebelt, wie es das Luminal gemacht hatte. Doch auch unter dem Ergenyl gab es nie eine Zeit, zu der ich völlig frei von Krämpfen war.

Die Medikamentenumstellung dauerte zwei Wochen. Von dem Luminal war nichts mehr in meinem Körper

und das Ergenyl hatte einen bestimmten Spiegel im Blut aufgebaut.
Ich durfte mit meiner Mutter wieder nach Hause.
Mein Papa, der uns jeden Tag in der Klinik besuchte, holte uns ab.

*

Bis auf die geschilderte Episode mit der Schule, als ich von dort wegen eines heftigen Krampfes einmal in ein Krankenhaus gefahren wurde, und einer Nacht mit dem Verdacht auf Lungenentzündung, verbrachte ich nie mehr eine Stunde in einer Klinik. Und selbst diese eine Nacht war mehr oder weniger ein Versehen, da der Arzt Einweisung und nicht Überweisung angekreuzt hatte. Es ging am zweiten Tag wieder nach Hause, auch auf eigene Verantwortung meiner Eltern.

Dass sie am Anfang meines Lebens die Verantwortung für mich abgeben mussten, mich nicht beschützen konnten, haben sich meine Eltern tief in ihrem Innern nie wirklich verziehen.

Was sollten sie damals jedoch anderes machen, als den Ärzten zu vertrauen?

Es gab keine Alternative, als denen, die Medizin studiert hatten, zu glauben, dass ihre Vorgehensweise die Richtige wäre.

Es sind Geschehnisse, die nie rückgängig gemacht werden können, doch daran nicht zu zerbrechen, sich selbst nicht die Schuld dafür zu geben, was in der Folge mit mir geschehen ist, ist ihnen gelungen.

Und doch weiß ich dadurch, dass sie es mir in innigen Momenten leise ins Ohr flüsterten, dass sie alles dafür gegeben hätten, dass mir das alles erspart geblieben wäre. Dass sie mir nichts mehr gewünscht hätten, als ein Leben ohne Behinderung.

So ließen sie es nie mehr zu, dass Ärzte mehr als nötig über mich bestimmten, sondern brachten die Ärzte dazu, ihrer Intuition, der Intuition meiner Eltern, zu folgen.

Mit den Jahren vertrauten die Ärzte meinen Eltern. Sie vertrauten auf ihre Angaben, denn wer kennt mich besser, als es meine Eltern machen?

Niemand!

SIEBEN
- Das Lachen hält Einzug -

Nach der Medikamentenumstellung begann sprichwörtlich ein anderes Leben für mich, ein waches Leben.

Mit über einem Jahr auf dem Lebenszeitkonto konnte ich zum ersten Mal lachen.

Ich lachte vor Freude über Berührungen, über Töne, egal über was, wichtig war schlicht weg, dass ich es konnte.

Meine Eltern weinten. Tränen der Freude über ein Lachen vor Fröhlichkeit.

Nach all dem was ich bisher durchgemacht hatte, zeigte ich meine Freude am Leben und sagte durch mein Lachen, dass es mir gut ging.

Eine Emotion mehr, die es ihnen ein wenig leichter machen sollte, mich weiterhin lesen zu lernen.

Es ist schön, zu erkennen, woran jemand Freude hat.

Es zu sehen und nicht nur zu erahnen.

Ich liebte alles etwas wilder, doch zeitweise auch ganz sanft. Mein Vater beruhigte mich gerne mit leichten Massagen der Stirn. Ich schloss dabei meine Augen und schlief teilweise sogar ein. Dieser besonders entspannende Punkt liegt ungefähr mittig zwischen den Augenbrauen und wurde uns durch einen Therapeuten gezeigt.

Saß ich bei jemandem auf dem Schoß, und auch heute noch, mag ich es gerne, wenn mit den Beinen gewippt wird, sodass mein ganzer Körper in Bewegung gerät.

Wie »Hoppe hoppe Reiter« spielen.
Je wilder die Beinbewegungen, umso mehr Spaß bereitet es mir.

Dienen Berührungen nicht der Beruhigung sondern der Unterhaltung, dann sind kräftige Reize besser für mich. Sie kommen intensiver in meinem Kopf an.

Mich nicht zu behandeln, als sei ich aus Glas und zerbrechlich musste erst gelernt werden.
Es kostete meine Eltern anfänglich oft Überwindung, meine Grenzen auszutesten. Auch wenn es viele kleine Kinder gerne zeitweise wilder lieben, wussten sie nicht, wie ich reagieren würde.
Manchmal gab es auch Ratschläge, oder eher ängstliche Aussprüche wie »Ihr könnt Lisa nicht so durchschütteln, ihr Kopf braucht doch Ruhe.«
Damit war das »Hoppe hoppe Reiter« Wackeln auf den Beinen gemeint.
Solche Ratschläge kamen sicher bei vielen aus der Angst heraus, irgendetwas an mir kaputt machen zu können, denn ich bin eine sehr zarte Erscheinung geblieben.
Diese, meine zarte Erscheinung, mein kleiner Körper, weckt einfach bei vielen dieses Gefühl des Beschützens.

Ich brauche festen Halt um mich sicher zu fühlen. Keine lasche Umarmung.

*

Durch die Lücken in meinem Gehirn wird auch der ein oder andere Bereich betroffen sein, der für die Ausschüttung der Hormone zuständig ist. Besonders Hormone, die für das körperliche Wachstum verantwortlich sind. Dies alles hätte sicher untersucht werden können, aber da stellt sich die Frage: Wozu?

Was hätte ein Wissen darüber gebracht?

Was hätte es mir gebracht, wenn ich eventuell Hormone bekommen hätte, durch die ich größer und schwerer geworden wäre?

Meine Pflege wäre sicherlich beschwerlicher geworden und ein Mehr an Können hätte sich bei mir durch mehr Gewicht nicht eingestellt. Untersuchungen wären wieder mit zusätzlicher Unruhe verbunden gewesen. Termine in irgendwelchen Kliniken, Schmerzen durch Blutabnahmen.

Keine Untersuchung der Welt hätte dazu beitragen können, dass sich meine verschwundenen Hirnbereiche neu gebildet hätten.

Gehirn wächst genauso wenig nach, wie Arme oder Beine bei einem Menschen nachwachsen können.

Was einmal verloren ist, ist verloren.

Schließlich bin ich kein Axolotl, dieser kleine, mexikanische Schwanzlurch, der seine Glieder und teilweise auch Organe nachwachsen lassen kann.

So hielten sich meine Eltern an ihr gegebenes Versprechen, mich nie in irgendeiner Art irgendwelchen vagen Versuchen auszuliefern.

Ich durfte und darf mein Leben in dem Rahmen leben, wie es mir möglich ist. Niemand würde im Traum daran denken, sein Baby irgendwelchen unnötigen Untersuchungen oder Operationen auszusetzen.

*

Falsche Krafteinwirkung hat fatale Folgen, wie die zwei folgenden Beispiele zeigen.

Es geschah bei der Physiotherapie.
Anfänglich behandelte mich die sehr erfahrene Chefin der Praxis in Krefeld Uerdingen. Sie wurde schwanger und eine jüngere Kollegin übernahm meine Behandlung.
Die ersten Termine verliefen gut, sodass meine Eltern genug Vertrauen aufgebaut hatten, mich dort für die knappe halbe Stunde alleine zu lassen. Sie nutzten die Zeit für sich und gingen eine Tasse Kaffee trinken.

Einmal kamen sie zurück und ich weinte. Die Übungen, unter anderem im Vierfüßler-Stand, seien anstrengend gewesen. Meine Bänder würden sicher durch die Dehnung etwas schmerzen.
Wir fuhren nach Hause. Doch immer wenn mich meine Eltern hochnahmen oder die Windel wechseln wollten, weinte ich bitterlich auf.
Ein Besuch beim Kinderarzt gab Aufschluss.

Ich hatte eine Hüftluxation.
Der Oberschenkelknochen war aus der Hüftpfanne gesprungen.
Beim nächsten Krankengymnastik Termin trugen es meine Eltern vor, doch die Therapeutin nahm sich nichts davon an. »Ja, jetzt wo sie es sagen, sehe ich auch, dass das eine Bein ein wenig kürzer erscheint«, so ihre Stellungnahme.

Dass es bei ihr passiert sein könnte, lag nahe, doch wurde dieser Umstand weit von sich gewiesen.

Um eine Luxation, also Ausrenkung des Oberschenkelknochens zu erwirken, bedarf es einer Menge Kraft oder einer absolut falschen Bewegung. Der Vierfüßlerstand, als sie mich an den Unterschenkeln hielt, wird wohl der Ausgangspunkt für die besagte falsche Bewegung gewesen sein.

Nur war niemand dabei, so würde Aussage gegen Aussage stehen.

Natürlich wechselten meine Eltern sofort den Therapeuten. Sie waren wütend und enttäuscht, doch wieder einmal waren ihnen die Hände gebunden.

Es galt, einen neuen, guten Therapeuten zu finden und es gelang ihnen auch.

Meine Hüftluxation hätte operiert werden können, doch dann wäre ein Gipsbett, in dem ich die nächsten Wochen liegen müsste, mein Schlafplatz gewesen.

Eine Tortur, alleine in Gedanken. Die Alternative war, dass das Bein verkürzt bliebe. Die Bänder würden heilen. Nach und nach würde sich eine neue, kleine Gelenkpfanne aus Knorpel bilden.

So wurde es gemacht. Meine Eltern wollten keine Operation, denn selbst nach einer Operation hätte ich nicht krabbeln oder laufen können. Die Qualen des Eingriffes und die eingegipste Zeit danach blieben mir erspart. Die neue Gelenkpfanne bildete sich mit der Zeit von alleine und mir ging es gut.

*

Die zweite Angelegenheit betrifft meinen rechten Ellenbogen. Dort zog ich mir auch eine Luxation zu.

Wodurch dies genau geschah, kann nicht bestimmt gesagt werden. Meine eigene Kraft wird dazu beigetragen haben. Wahrscheinlich habe ich mir im Liegen oder Sitzen den Arm unbewusst verklemmt, verdreht und meine Kraft wirken lassen.

Auf jeden Fall war es ein kleiner Schock für meine Eltern, als sie durch die Haut den abgerundeten Knochen des Unterarms heraussstehen sahen.

Beim Arzt wurde die Luxation bestätigt und nun nach Mitteln und Wegen gesucht, dass eine Besserung herbeigeführt werden konnte.

Von Hand konnte der Knochen eingerenkt werden, jedoch sprang er bei jeder Bewegung des Unterarmes wieder heraus. Ich weinte nicht dabei, es erschien mir noch nicht einmal unangenehm zu sein.

Als probates Mittel wurde eine Armschiene mit einem Quengelgelenk angesehen. Ober- und Unterarmschienen waren durch ein Gelenk verbunden, das so eingestellt werden konnte, dass nur Bewegungen in eine Richtung möglich waren. So sollte das Gelenk stabilisiert werden und im besten Fall wieder verheilen.

Ein Reha-Techniker kam, ich wurde vermessen und die Schiene speziell für mich hergestellt.

Doch ich spielte nicht so einfach mit. Meine Eltern brauchten trotz oder gerade wegen aller Sorgfalt sehr lange, bis ich die Schiene korrekt anliegen hatte.

Nichts mag ich weniger, als in meinen wenigen Bewegungen eingeschränkt zu werden. Ich sträubte mich mit all meinen Kräften.

Als die Schiene letztendlich angelegt war, waren sowohl meine Eltern als auch ich erschöpft. Es war ein Kraftakt für beide Seiten.

Die Schiene war gut gepolstert und lag fest an. Minimale Bewegungen von mir reichten jedoch aus, dass nach wenigen Stunden Tragezeit eine Blase am Ellbogen zum Vorschein kam.

Es half alles nichts, die Schiene konnte nicht an meinem Arm bleiben. Ich akzeptierte sie einfach nicht. So blieb sie ab. Mein Arm war eingeschränkter in seiner Bewegung, doch es ging mir gut.

Kein Kampf gegen eine Schiene musste mehr von mir

ausgetragen werden, denn den Sinn der Schiene verstand ich nicht.

*

Meine Eltern waren zusammen mit mir und meinen Geschwistern einige Male zwischen meinem zweiten und 18. Lebensjahr zu einer Eltern-Kind-Woche im Kinderneurologischen Zentrum in Bonn Tannenbusch. Es ist kein Krankenhaus, sondern ein Ort, an dem verschiedene Therapien unter einem Dach stattfinden. Gebündelt und unter ärztlicher Kontrolle.
Dort bekam ich täglich zweimal Krankengymnastik und die Hilfsmittelversorgung wurde vor Ort besprochen und auch angepasst.

Für meine Eltern war der Austausch mit anderen Eltern oft gut und informativ. In lockerer Runde wurde sich über Kinder, Steuern und Behörden unterhalten. Jeder hatte bereits seine Erfahrungen in sämtlichen Bereichen gesammelt. Der eine mehr als der andere und so gab es manchmal gute Tipps.

Das Internet war Anfang der 90er Jahre noch lange nicht so eine sprudelnde Quelle, wie es zu heutigen Zeiten ist. Hilfreiche Informationen für alle Lebensbereiche musste man sich noch auf anderen Wegen einholen. So war die Eltern-Kind-Woche wirklich sehr dienlich für alle.

Ich wurde auf dem Kalender immer älter, auch veränderte sich mein Körper mit den Jahren, doch in meinem Kopf blieben es immer nur einige Wochen Entwicklung.

Mehr als 20 Kilogramm habe ich nie auf die Waage gebracht und als ich kurz vor meinem 18. Geburtstag noch einmal in Bonn war, wurde mein körperliches

Erscheinungsbild vom Arzt als völlig in Ordnung für meine Verfassung eingestuft. Es sei wichtig für mich, nicht zu schwer zu sein. Jedes Pfund zu viel wäre schlecht für meine Lungen und meine Atmung.

Ein »Wonneproppen« wie in meinem ersten Jahr zu sein, wäre jetzt nicht mehr gut für mich. Er war zufrieden mit mir und so sind 20 kg zwar nicht viel aber ausreichend für mich.

Durch meine starke Wirbelsäulenverkrümmung ist meine Körpergröße nicht gut zu messen. 140 cm müssten es zurzeit sein.

Ich habe Oberschenkel, so dick wie die Unterarme anderer Mädchen und meine Füße haben die Größe 24. Sie würden in keinen regulären Schuh hineinpassen, zu sehr hat sie mein irregulärer Muskelzug aus der Form gebracht.

Meine Arme sind Ärmchen, meine Handgelenke zart und fein. Ob es einen Ring gibt, der an einem meiner Finger Halt finden würde, wurde noch nie ausprobiert.

Nichts, das zu einer jungen Frau von 29 Jahren passt und doch alles, was dazu Anlass gibt, mich wie ein rohes Ei zu behandeln.

Nach diesem kleinen Exkurs durch die Jahre und über Kräfte die auf oder aus meinem kleinen Körper wirken können, sind wir wieder beim Lachen.

Mein Lachen zeigte den Menschen in meiner Umgebung deutlich, dass mein Leben ein Lebenswertes ist und es ging weiter.

Das Erste, so schwere Jahr war geschafft und langsam schlich sich eine kleine Normalität in unser Leben.

ACHT
- Die Sonne wird nie meine Freundin -

Alles Erleben ist gleichzeitig ein Lernen, oder man lernt aus Erfahrungen. Anders ging es meinen Eltern auch nicht.

Sie mussten lernen, sich zu trauen und auch Rückschläge einstecken. Wobei Rückschläge eventuell ein zu hartes Wort ist.

Es war mein erster Sommer außerhalb des Krankenhauses und wir hielten uns bei Freunden meiner Eltern im Garten auf. Natürlich fast nur im Schatten der Terrassenüberdachung. Plötzlich bemerkten meine Eltern, dass ich mich sehr warm anfühlte.

Ich weinte und hatte Fieber bekommen.

Der Aufenthalt im Garten bei der Wärme war nichts für mich.

Mit feuchten Tüchern wurden meine Arme und Beine sowie Kopf und Nacken gekühlt, dann ging es ab nach Hause.

Wie sich herausstellte, konnte ich meine Temperatur nicht genug regulieren. Trotz kurzer Hose und leichtem Hemdchen, dazu noch im Schatten.

Solch gemeinsame Aufenthalte würden nicht mehr möglich sein. Freunde bei sommerlichen Temperaturen zu besuchen, musste von der Liste der geplanten Aktivitäten gestrichen werden. Genau wie Besuche im Freibad oder auf dem Spielplatz.

Selbst Spaziergänge bei sommerlichen Temperaturen mussten wohlüberlegt sein.

Meine Haut war und ist immer noch sehr empfindlich. Ein wenig bin ich wie Schneewittchen. Eine Haut so hell wie Schneeflocken und dazu dunkles Haar. Mein Medikament, das Ergenyl, ist auch nicht förderlich für einen Aufenthalt in der Sonne.

Damit ist jetzt kein direktes Sonnenbaden gemeint, sondern einfach alles, was sich bei schönem Wetter im Sommer draußen abspielt.

Es ist nicht nur der immer drohende Sonnenbrand, sondern die Unmöglichkeit meines Körpers, die höhere Wärme in der Sonne zu verarbeiten. Von daher galt es stets, gut durchlüftete Schattenplätze für mich zu finden. Alternativ direkt im Haus bleiben.

Im Garten wurde oft der Rasensprenger gegen die Hecke gerichtet und ich stand mit meinem Rollstuhl daneben im Schatten.

Die angenehme Kühle der frischen, feuchten Luft war eine Wohltat an warmen Tagen.

*

Jahre später, ich war elf oder zwölf Jahre alt, stand in der Schule eine Klassenfahrt an.

Ich glaube, das Ziel war Solingen, also nicht so weit entfernt von Moers. Es war das Jahr 2002 und eine Klassenfahrt der Förderschule, die ich besuchte, war immer gut geplant.

Auch wenn es ihnen schwerfiel, ließen mich meine Eltern mitfahren.

»Das Kind ist in der Schule, da kann es ganz normal mit auf Klassenfahrt fahren.« Ich sollte nicht außen vor bleiben, sondern mitten im Leben stehen.

So oft mir meine Eltern auch von der bevorstehen

Fahrt berichteten, ich verstand es nicht. Bei mir kam keine Vorfreude wie bei meinen Klassenkameraden auf, wie sollte auch.

Es war das Jahr, als die Bilder der norwegischen Prinzessin Mette Marit durch die Presse gingen. Bilder mit kleinen Verbrennungen in ihrem Gesicht. Was wurde damals für ein Aufstand gemacht, von wegen Unachtsamkeit und mangelnde Vorsicht bei den Filmaufnahmen für ein Interview.

Ungefähr zur gleichen Zeit fand meine Klassenfahrt statt.

Ich war draußen mit dabei, wurde in den Schatten gestellt und leider eine Zeit lang vergessen.

Irgendeiner meiner Mitschüler war hingefallen, oder brauchte anderweitig Hilfe.

Alle kümmerten sich um ihn. Keiner bemerkte, dass die Sonne wanderte und ich mittlerweile in der prallen Sonne stand. Mir wurde heiß. Es wäre mehr als nötig gewesen, mich endlich aus der Sonne zu holen.

Als wieder an mich gedacht wurde, war es zu spät.

Ich hatte Verbrennungen an den Händen, den Unterarmen, im Gesicht, über der Lippe, an der Nase, der Stirn, den Wangen und dem Kinn.

Es bildeten sich wassergefüllte Blasen auf meiner Haut, also keine leichte Rötung, kein leichter Sonnenbrand.

Meine Eltern wurden nicht informiert. Nicht sofort und auch nicht später. Es wurde kein Arzt aufgesucht. Irgendwie wurde alles falsch gemacht, was man falsch machen konnte.

Es dauerte noch zwei Tage, bis die Heimfahrt angetreten wurde.

Der Busfahrer, der mich schon häufig morgens zur Schule gefahren hatte, sah mich bei der Abholung am Ferienort. Er kam mit seinem Bus, in dem ich aber nicht saß, vor mir an der Schule an. Als er meine Mutter dort stehen und warten sah, ging er auf sie zu und bereitete sie ein wenig auf das vor, was sie bald sehen würde.

Sie solle sich nicht erschrecken, wenn sie mich in Empfang nehmen würde, doch es wäre etwas bei mir nicht in Ordnung.
Eine Lehrerin kam auch noch auf meine Mutter zu und redete irgendetwas zu ihr, sagte etwas von Salbe und Apotheke.

Die Frage, warum kein Arzt aufgesucht wurde, wo doch die Krankenkarte dabei war, wurde halbherzig beantwortet. Die Antwort, warum man nicht informiert wurde, war irgendwie ohne Sinn.

Nun wusste meine Mama nicht, was sie genau erwartete, doch als sie mich dann im Bus sah, wurde ihr richtig übel.

Sie war mit einem Schlag traurig, wütend und enttäuscht.
Meine Mama redete zu mir und sonst mit niemanden mehr. Sie brachte mich in unser Auto und fuhr weinend mit mir nach Hause.

Jedes Wort, das sie noch an der Schule gesagt hätte, wäre eins zu viel gewesen.
Wut ist kein guter Ratgeber. Sie hätte Menschen mit Worten verletzt. Lehrer und Betreuer, die sich ihrer Schuld an meinem Zustand sehr bewusst waren und sich schon schlecht genug deshalb fühlten.

Das aufgebaute Vertrauen war dahin. Erneut hatten

mich meine Eltern anderen Menschen anvertraut und wieder wurde mir Schaden zugefügt.

Zu Hause haben meine Eltern meine Brandwunden unentwegt gekühlt und wie durch ein Wunder, habe ich nur kaum sichtbare Narben zurückbehalten.

Keine großen Äußeren bei mir, doch weitere innere Narben bei meinen Eltern.

Verlorenes Vertrauen kann fast nie erneut aufgebaut werden und so machte ich nie mehr eine Klassenfahrt mit.

Geht es um mich, bekommt kaum jemand eine zweite Chance von meinen Eltern.

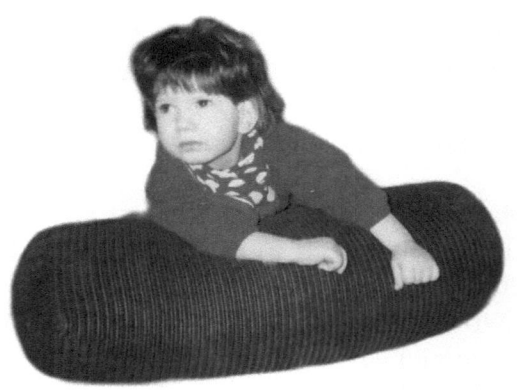

NEUN
- Mittendrin statt nur dabei -

Jetzt bin ich über die Erlebnisse mit der Sonne ein wenig schnell durch die Zeit gehuscht. Zurück zu meinem zweiten Lebensjahr.

Es war Ruhe eingekehrt in unserem Leben, meine Mutter war schwanger mit meiner Schwester. Die Tage unter der Woche waren angefüllt mit Terminen. Krankengymnastik an zwei Tagen, Ergotherapie und Logopädie an weiteren Tagen. Ein Rhythmus hatte sich eingespielt, wie in allen anderen Familien auch, nur gibt es da sicherlich weniger therapeutische Termine.

Im Februar 1992 wurde meine Schwester Sophie geboren. Nun hatten meine Eltern praktisch Zwillinge zu versorgen.

Meine kleine Schwester war kerngesund. Von Anfang an lagen wir oft zusammen auf der Krabbeldecke im Wohnzimmer. Ihr Babygeplapper war wie herrliche Musik in meinen Ohren.

Es dauerte nicht lange, da konnte Sophie schon viel mehr, als ich je können würde, doch es war in Ordnung.

Besser als nur in Ordnung, es war schön. Es war perfekt, dass sie sich so gut entwickelte.

Ich bekam den ein oder anderen Knuff von ihr ab, wenn sie neben mir herumkrabbelte, oder über mich hinüber kletterte.

In meiner blinden Welt muss ich mich umso mehr auf meine anderen Sinne verlassen. Und so war es nie schlimm, wenn ich einen kleinen Babytritt meiner Schwester, oder fast fünf Jahre später von meinem Bruder abbekam. Es waren immer Zeichen dafür, dass ich nicht alleine war und jemand an meiner Seite lag.

Meine Schwester wuchs so normal, wie es nur ging mit mir auf, hatte nie Berührungsängste und akzeptierte mich als ihre Schwester.
Auch heute noch spüre ich die besondere Beziehung, die zwischen uns besteht und ich weiß von ihrer Liebe zu mir. Ich fühle sie mit jedem Wort, das sie an mich richtet und mit jeder Berührung, die ich von ihr bekomme.

Doch bin ich auch ihr Schwachpunkt im Leben. Sie hat Angst, mich zu verlieren. Ich hingegen weiß nicht, wie es sich anfühlt, Angst um jemanden zu haben.
   Mir macht die Dunkelheit Angst, ich mag sie nicht und habe daher auch nachts immer ein Licht an.
Ich genieße immer denjenigen, der gerade bei mir ist

und habe dennoch keine Vorstellung davon, wie sich Vermissen anfühlt.

Eine vertraute Stimme zu hören, einen vertrauten Geruch in die Nase zu bekommen, wohlbekannte Töne wahrzunehmen, all das macht mich in dem Moment zufrieden und gibt mir Sicherheit. Ich genieße und lebe die jeweils aktuelle Situation.

Für mich gibt es kein Denken an Morgen oder die Zukunft. Ich bin in jedem Moment.

Dass es ein Morgen gibt, übersteigt den Horizont meiner Wahrnehmung.

*

Das Empfinden meinen eigenen Körper betreffend, da passt einiges nicht so gut zusammen.

Bin ich angespannt, ziehe ich meinen linken Arm über die Brust zur rechten Seite hinüber. Zur gleichen Zeit zieht mein rechtes Bein zur linken Körperhälfte hin.

Ein Bewegungsablauf, als würde ein Handtuch ausgewrungen werden. In der Mitte liegt mein Rumpf, meine Wirbelsäule.

Dieser enorme Muskelzug führt auch zu der Skoliose, zu der sehr starken Verkrümmung meiner Wirbelsäule.

Immer wenn ich auf dem Schoß meiner Mutter sitze, versucht sie mit ihrer eigenen Kraft dagegenzuhalten.

Eine schwere Aufgabe, denn meine Kräfte sind im Vergleich zu meiner Erscheinung unvorstellbar groß.

Meine Motorik ist sehr eingeschränkt, das bedeutet aber nicht, dass ich mich nicht bewegen kann. Ich bewege mich sparsam und nicht zielgerichtet.

Ich kann keine bewusste Bewegung ausführen, nichts

greifen, mich nicht an der Stirn kratzen, nicht meine Augen nach dem Schlaf reiben oder in der Nase bohren.

Noch nie habe ich mit meinen Daumen die Kuppen meiner Finger angetippt. Niemals habe ich eine Haarlocke zwischen den Fingern gedreht. Einen Kreis aus Daumen und Zeigefinger zu formen, wird mir nie gelingen.

Meine Mama findet es am schlimmsten, dass ich noch nicht einmal eine Fliege verjagen kann, die sich auf mein Gesicht setzt.

Niemals kann es gänzlich verhindert werden, dass sich im Sommer eine Fliege ins Haus verirrt. Bienen oder Wespen die ins Zimmer schwirren, werden regelrecht gefürchtet. Meine Schwester reagiert allergisch auf Wespenstiche. Niemand möchte hier herausfinden, ob es mir ähnlich ergeht.

So werden diese gestreiften Flieger ganz schnell wieder nach draußen befördert.

Einmal kam meine Mutter zu mir ans Bett. Es war spät am Abend und sie traute ihren Augen nicht. Im sanften Licht meiner Nachtlampen sah sie eine Mücke, die genau auf meiner Nasenspitze saß. Als Mama näher kam, sah sie, dass ich die Augen geöffnet hatte. Es sah aus, als würde ich die Mücke genau ansehen, doch war ich unfähig, sie von meiner Nase zu verjagen.

Mücken sind eine Plage, doch ich bin ihnen hilflos ausgeliefert. Ich muss darauf vertrauen, dass auf mich aufgepasst wird.

Mein ganzes Leben basiert auf Vertrauen, das Urvertrauen, das jedem Menschen mitgegeben wird. Mir selbst kann ich jedoch nicht so sehr vertrauen, denn ich füge mir manchmal Schmerzen zu und weiß nicht, dass ich der Auslöser für den Schmerz bin.

Einmal hatte ich eine Entzündung an der Unterlippe und realisierte nicht, dass ich mir mit den Zähnen auf die wunde Stelle biss. Meine Mama hörte mich weinen und kam, um zu schauen, was passiert wäre.
Sie sah, was vor sich ging und löste meinen festen Biss. Meine Mutter zog meine Lippe unter den Zähnen hervor und mein Weinen endete.
»Ach kleine Maus, tu dir doch nicht immer selbst weh«, hörte ich ihre Stimme.

*

Die Sache mit dem Selbstspüren. Normalerweise ein Entwicklungsprozess, den ich aufgrund meiner Behinderung jedoch nie durchlief.

Diese Phasen der Entwicklung machte ich nicht mit.
Nie hatte ich den Drang, meine Füße zu ertasten oder mit meinen Zehen zu spielen. Es war mir nicht vergönnt, meine Welt tastend zu begreifen.

Deshalb war es wichtig, dass die Welt lernte, mich zu begreifen, sich traute, mich anzufassen, unsichtbare Grenzen zu durchbrechen.
Von Anfang an war ich tagsüber immer im Wohnzimmer dabei. Egal ob Mittagsschlaf oder Essenszeit, alles geschah in diesem Raum.

Nie wurde ich am Tag in mein Bett ins Schlafzimmer gelegt.
Ich sollte stets mitten im Geschehen sein. Mittendrin statt nur dabei, das soll das Motto bei mir sein. Ich kann das Tagesgeschehen, und das Tagesgeschehen darf mich mitbekommen.

Anfänglich hatte ich einen großen Rattansessel mit sehr tiefer Sitzfläche. Er konnte mit Stillkissen so gut ausgepolstert werden, dass ich bequem und sicher sitzen konnte.

Das Sofa wurde immer so gekauft, dass für mich eine Ottomane dabei war. Es wurde stets darauf geachtet, wie ich liege. Der Lichteinfall vom Fenster musste passen, damit ich meinen Kopf nicht zu sehr verdrehe, um zum Licht schauen zu können. Meine Augen suchen immer die Helligkeit. Zudem muss ich so liegen, dass sich derjenige, der mich pflegt oder hochhebt, auf meiner rechten Körperseite befindet. So laufen alle Handhabungen gewohnt ab.

Da ich nicht über viele körpereigene Polster verfüge, liegen überall am Sofa kleine Stoffschafe, Kissen, Rollen und Decken von mir.

Von jeher brauchte ich viele kleine Polster, zusätzliche Polsterungen, um keine Druckstellen zu bekommen.

Eine Nackenrolle liegt unter meinen Knöcheln. So wird der Druck auf die Liegefläche darunter nicht zu groß für meine Fersen.

Ein Kissen kommt immer zwischen meine Knie. Sie drücken sonst so kräftig gegeneinander, dass ich Druckstellen, blaue Flecken oder sogar wunde Bereiche bekommen könnte.

Da ich mein rechtes Bein oft zur linken Seite hinüberziehe, wird ab und an ein kleines Stoffschäfchen zwischen meinen Füßen platziert. Ein Schäfchen klemmt immer unter meinem angewinkelten linken Arm. Sonst würde ich meinen Unterarm zu heftig und kraftvoll gegen meine Rippen drücken.

Meine Körperseiten werden mit Kissen oder anderen

Polstern bequem gestützt.

In meine Hände werden mir immer wieder kleine Tücher oder Tiere gelegt, damit ich sie nicht so heftig zudrücke.

Handinnenflächen schwitzen schnell und können auf diese Weise wund werden.

Zeigt sich an irgendeiner Stelle meines Körpers einmal eine Rötung, wird dort ein Blasenpflaster aufgeklebt. Normale Blasenpflaster, die sonst für die Füße benutzt werden.

Das hilft wunderbar.

Auf diese Weise ist es meinen Eltern bisher gelungen, dass ich keinerlei Druckstellen bekommen habe.

Keine Druckstellen in fast 30 Jahren.

In Verbindung mit den Gedanken an die Druckstellen, bringe ich kurz meine Oma Gitta ins Spiel.

Meine Oma lag einmal für eine Woche im Krankenhaus. Danach hatte sie wunde Haut in dem Bereich, wo ihre Windel saß.

Wie sie an die Windel kam, erzähle ich noch im weiteren Verlauf. Dieser kleine Exkurs soll nur verdeutlichen, wie schnell man selbst unter professioneller Betreuung im Krankenhaus, wunde Hautstellen bekommen kann.

*

Ich mag das Wort Inklusion nicht. Für etwas, das normal sein sollte, ein eigenes Wort zu nutzen, neu in der Aussage zu erfinden, bedeutet immer, dass es Grenzen und Ausschluss gibt.

In meiner Familie wurde das Zusammen immer gelebt.

Dort, wo es ging, wurde ich immer mit einbezogen.
Und ja, natürlich gab es auch Bereiche, wo ich einfach nicht mit dabei sein konnte.
Schlichtweg aus dem Grund, dass es manchmal besser ist, nicht mit dabei zu sein. Sich nicht durch eine Sache hindurch quälen, nur um dabei zu sein.
Um anderen eventuell zu beweisen, dass auch mit Behinderung alles gemacht werden kann.

Nein, ich musste nie jemandem etwas beweisen. Meine Eltern hatten zu meinem Glück auch niemals das Bedürfnis, anderen etwas zu beweisen. Eventuell mit mir irgendwem etwas demonstrieren.
   Wer glaubt, anderen etwas beweisen zu müssen, hat irgendwo einen Denkfehler eingebaut.
   Dabei zu sein macht nur Sinn, wenn es für den behinderten Menschen auch ein positives Erlebnis ist.
Ohne Zwang und Druck.
Mein Papa hat immer gerne Handball gespielt. Anfänglich wurde ich zu den Spielen mitgenommen. Dort saß ich mit meiner Mama auf der Tribüne und war als Zuhörer dabei. Die lauten Geräusche, das Pfeifen, die Rufe und das kräftige Stampfen mit den Füßen auf der Tribüne, all das war einfach nichts für mich.
   Ich erschrak, bekam Angst und weinte.
Sollten sich nun alle anderen leise verhalten, damit ich dabei sein konnte?
Nein, natürlich nicht, es wäre falsche Rücksichtnahme gewesen. Unmöglich und am Thema des positiven Miteinanders vorbei. Auch wenn mich meine Eltern mit einbeziehen wollten, eine laute Turnhalle war einfach kein richtiger Platz für mich.
Kein Wohlfühlort.

Ich konnte nicht überall dabei sein, denn nicht alles, was anderen Freude bereitet, bereitet mir auch Freude.

Aus diesem Blickwinkel betrachtet, ist es nicht schlimm, wenn man lieber im Schatten eines Baumes im Garten sitzt und den Vögeln lauscht, als in einer lauten Halle Angst zu bekommen.

Dadurch, dass ich auf Dauer nicht überall anwesend sein konnte, bedeutete es auch, dass meine Eltern, oder einer von beiden, nicht mehr überall dabei sein konnte.

*

Meine Geschwister hatten, seitdem sie jeweils im Kindergarten waren, sehr oft Freunde zu Besuch. Kaum ein Tag verging, an dem es nicht so war. Auf jeden Fall fühlt es sich rückblickend so an. Beide waren immer sehr gern gesehene Spielkameraden.

Für ihre Freunde war es neu, mit einem behinderten Geschwisterkind umzugehen.
Ich war nie nur die Schwester, die kurz im Vorbeigehen vorgestellt wurde. Jedoch wurde es oft so gemacht. Meine Anwesenheit sollte immer eine Normale sein. Mir sollte nie bewusst ein Sonderstatus eingeräumt werden.
Ich war und bin einfach die Schwester von Sophie oder Niklas.
Nie hatte meine Anwesenheit einen Besucher abgehalten, ein zweites, drittes oder soundsovieltes Mal wieder zu kommen.
Ich denke, dass meine Behinderung nie für jemanden

ein Problem war. Alle waren hier rücksichtsvoll zu mir. Wie es später meine Mitschüler in der Schule waren.

Vielleicht strahle ich Unkompliziertheit aus.

Eine Einfachheit, die es den Menschen um mich herum leicht macht, mich so anzunehmen, wie ich bin.

Für die Freunde meiner Geschwister gehörte ich fast zum Inventar der Wohnung. Ich fiel nicht durch herumrennen auf, sondern saß fest in meinem Rollstuhl oder lag auf dem Sofa. Es war nie schwer, mich zu orten.

Ich störte ihre Spiele nicht, redete nicht dazwischen oder fragte, ob ich mitspielen dürfte, wie es andere Geschwister oft machen.

Mir reichte es, die Stimmen und Geräusche zu hören.

Bei meiner kleinen Schwester war eine Freundin zu Besuch. Sie waren sieben oder acht Jahre alt und hatten an diesem Tag ihre Freude daran, sich ihre Gesichter bunt anzumalen. Die beiden hockten am Couchtisch, während ich in meinem Rollstuhl dem Fenster zugewandt saß.

Mein Blick ging hinaus in den Garten, in die Helligkeit, die durch das Fenster kam. Meine Schwester kam zu mir und drückte mir einen dicken Kuss auf die Wange. Etwas von der Farbe sollte auch an mir haften bleiben.

»Du darfst Lisa doch nicht küssen, sonst wirst du auch noch behindert.«

Dieser Satz kam so spontan von der Freundin, ein Zeichen der absoluten Offenheit. Die Gedanken wurden von ihr nicht heruntergeschluckt und später mit nach Hause genommen. Sie blieben auch nicht einfach unbeantwortet im Raum stehen.

Meine Schwester antwortete sofort mit einem klaren: »Lisa ist doch nicht krank, sie ist doch nur behindert.« Meine Mutter hatte alles aus der Küche gehört. Sie kam zu uns und ein Gespräch setzte sich in Gang. Meine Mama erklärte, nicht nur jetzt, sondern vielen weiteren Kindern im Lauf der Zeit, warum ich so bin, wie ich bin.

Wie alles passierte. Dass ich einmal an meinem Kopf, in meinem Kopf, schwer krank war.

Mein Kopf würde meinen Armen und Beinen nicht sagen, wie sie sich bewegen müssten. Auch wenn man es selbst nicht bemerkt, redet der Kopf immer mit dem Arm, bevor er sich bewegt.

Es ist jedoch kein lautes Reden, es findet nur im Körper statt. Daher bemerkt man es nicht.

Bei mir ist es, als würde »Stille Post« gespielt. Jedoch sind alle Nachrichten entweder nur in Bruchstücken unterwegs, oder auf dem Weg verschwinden immer mehr Worte. Am Ende existiert keine Botschaft mehr.

Die Kinder schauten danach immer auf ihre eigenen Arme und Beine. Sie bewegten sie und lauschten dabei in sich hinein.

Vielleicht war ja doch etwas zu hören.

Behinderung ist nicht ansteckend!

Es ist wichtig, darüber zu reden, denn uns allen war vorher nicht klar, dass solch ein Gedanke überhaupt existieren könnte.

Die Freunde meiner Geschwister hatten nie Hemmungen, Fragen zu stellen.

Jede Frage wurde immer beantwortet. Es wurde solange geantwortet, bis keine Fragen mehr im Raum standen.

Meine Familie vermittelte auch nie jemandem den Eindruck, dass ich unberührbar sei.

Nur der Kontakt lässt verstehen, nur der Kontakt baut eine Verbindung auf.

*

Jahre später stellte sich einer der Freunde meines kleinen Bruders vor mich hin. Er war auch ungefähr sieben oder acht Jahre alt und immer sehr interessiert, offen und neugierig.

Lange Jahre, seit der Kindergartenzeit, kam er immer zum Spielen zu uns und irgendwann stand er vor mir und winkte mir zu.

»Sieht Lisa das?«

Dann streichelte er meine Hand.

»Merkt Lisa das jetzt?«

All seine Fragen wurden beantwortet.

Er stand weiter bei mir und streichelte immer wieder über meine Hand.

Oder er schaute mich stumm aber sehr intensiv an.

Es war so schön, die natürliche Neugierde, keine Scheu, keine Angst eine Frage zu stellen.

Klar eine Frage zu stellen ist besser, als nur stumm zu schauen und seine Gedanken bei sich zu behalten.

So war ich immer mittendrin. Genauso wie die Freunde meiner Geschwister mitten in meinem Leben waren und nicht davon ausgeschlossen wurden.

Wenn ich über Freunde nachdenke, komme ich zu dem Schluss, dass ich nie einen wirklichen Freund hatte.

Ich hatte Klassenkameraden. Für sie war ich auch immer ein Fixpunkt, ich war ihre Geheimnisecke, ihre stille Vertraute.

Mir konnten Geheimnisse anvertraut werden. Jeder wusste, ich würde sie nie weitererzählen. Ich war die Schatzinsel, die den Schatz aufbewahrte, wenn in meiner Klasse ein kleines Theaterstück aufgeführt wurde.

Ich war diejenige, für die alle gerne leise waren. Damit es mir gut ging.

Doch einen wirklichen Freund hatte ich nie.

Das ist nicht bedauernswert.

Ich kenne das Gefühl nicht, was es bedeutet, einen Freund zu haben oder eine Freundin zu sein.

Ich habe viele Menschen, die mich lieben wie ich bin.

Viele Menschen, für die ich so selbstverständlich zum Leben gehöre, wie der große Apfelbaum im Garten, an dessen starken Ästen, die einfache Schaukel an langen Seilen hängt. Der Baum, ohne den der schöne Garten nicht mehr derselbe wäre.

Ich spüre die Liebe, die mich umgibt. Sie trägt mich, auch wenn das Tragen manchmal schwerfällt.

Umgeben von dieser Liebe kann ich mich trotz aller Widrigkeiten des Lebens, als einen zufriedenen Menschen bezeichnen.

ZEHN
- Familie, nahe Menschen und Allerlei -

Jetzt scheint der richtige Zeitpunkt zu sein, meine Familie genauer vorzustellen.
Die Menschen, denen ich so viel bedeute und die mich im wahrsten Sinne des Wortes, auf Händen durch mein Leben tragen.
Einen liebevolleren Vater, als den meinen, hätte ich mir nicht wünschen können. Für meine Geschwister und mich würde er alles geben. Er schenkt gerne, doch eine Bitte aus meinem Mund wird er nie hören.
Ich bin mir sicher, egal was ich mir wünschen würde, er würde Himmel und Hölle in Bewegung setzen, um mir meinen Wunsch zu erfüllen.
Leider blieb es immer bei einem Erahnen von Wünschen, und nie wird er ein »Papa« aus meinem Mund hören.

*

Das Gleiche könnte ich jetzt über meine Mutter sagen.
Sie schreibt hier für mich. Verständlicherweise fühlt es sich für sie seltsam an, etwas über sich als meine Mutter zu schreiben.
Sie lässt lieber das hier Geschriebene für sich sprechen.
Wie sehr wartet sie auf ein »Mama« aus meinem Mund.
Laute die ich von mir gebe, ähneln teilweise den dadaistischen Lauten, die Hugo Ball in seiner Karawane

von sich gibt. Rudimentäre Sprache, aus der meine Mutter mitunter glaubte, ein »Mama« herauszuhören.

Manchmal lässt ein Wunsch auch den Wunsch zur Wirklichkeit werden.

*

Meine Schwester Sophie, ist eine kleine, liebe und so gefühlvolle junge Frau geworden. Sie hat das Herz einer Kämpferin, einen blitzgescheiten Verstand und ist dazu noch wunderhübsch.

Nur zu gerne wäre ich ihr eine wirkliche große Schwester gewesen. Eine, zu der sie voller Stolz hätte aufblicken können. Gerne wäre ich ihr die vorpreschende Schwester gewesen. Die, die ihr vorausgegangen wäre und ihr den Weg für vieles geebnet hätte.

In Wirklichkeit ist sie meine große Schwester, die sich um mich sorgt. Sophie plante immer so, dass ich später bei ihr wohnen könnte.

So süß, diese Idee, doch sie soll ihr Leben leben. Unbelastet soll sie ihre eigene Familie gründen und sich nie so sehr für mich verantwortlich fühlen, wie es Eltern machen.

Alleine für die Idee liebe ich sie sehr.

*

Mein kleiner Bruder Niklas wurde im November 1996 geboren.

Er ist ein empathischer Mensch. Nie kam er bisher mit jemandem nicht zurecht.

Es gibt niemanden, der seine Nähe nicht mag.

Niklas hat eine sehr klare Sicht auf wesentliche Dinge. Manchmal glaube ich, dass neben seinem jungen »Ich« ein alter, weiser Mann in ihm wohnt.

Er ist ein junger Mann zum Verlieben, hübsch, intelligent und mit einer sehr feinen Seele.

Er hatte in meiner Schwester immer eine wirkliche große Schwester an seiner Seite. Doch weiß ich, dass immer wenn ich ihn brauche, er sofort an meiner Seite ist.

Er liebt stiller, leiser, so wie Männer lieben.

Auch seine Liebe spüre ich jeden Tag.

*

Unser Familienmodell entsprach von Anfang an nicht dem klassischen Mama/Papa/Kinder Modell. Die Form passt, doch ist es anders, als gedacht.

Es ist für viele eine fremde Welt, in die meine Geschwister hineingeboren wurden.

Meine Eltern wussten, dass es auf der emotionalen Ebene auch schwer für meine Geschwister werden könnte. Von daher wollten sie von vornherein noch zwei weitere Kinder.

Damit es für beide immer einen Menschen geben würde, der das eigene Empfinden nachspüren könnte.

Mein Leben hat Einfluss auf sie genommen, so wie alles stets in gewisser Weise Einfluss auf das Leben des Einzelnen nimmt.

Ich gehörte von Anfang an völlig selbstverständlich zu ihrer Welt. In ihren Augen und in ihrem Fühlen bin ich einfach immer ich.

Ihre Schwester Lisa.

*

Ich nahm nie einen Sonderplatz innerhalb der Familie ein. Abgesehen von meinem Rollstuhl und meinem bequemen Platz im Wohnzimmer gab es keine Extrawurst für mich.
Lange Jahre schlief ich im Zimmer meiner Eltern. Auf diese Weise waren die Wege in der Nacht nicht weit.
Ging es mir nicht gut, war es beruhigend, meine Atmung hören zu können. Meine Eltern hatten immer die Möglichkeit, schnell zu handeln. Sei es mir etwas zu trinken zu geben, mich abzukühlen oder die Decke anders zu legen.

So viele Kleinigkeiten, die sehr zu meinem Wohlbefinden beitragen. Nicht einmal meine Decke kann ich bewusst ein Stückchen nach hinten schieben. Wird mir zu warm, muss dies jemand für mich übernehmen. Kurz den Fuß nach draußen hängen lassen, um mir Abkühlung zu verschaffen, das wäre schön, doch kann ich es nicht.
Dies alles bedeutet für meine Eltern, immer mitzudenken. Rund um die Uhr.
Meine Geschwister hatten jeder ihr eigenes Zimmer, sie brauchten mehr Privatsphäre als ich.

*

Spontanität auszuleben war und ist mit mir nicht möglich.
Das schwächste Glied in der Kette, nicht wirklich der

angestrebte Platz. Doch es war allzeit der meinige. Jedoch konnte ich fast überall, wo ich war, damit rechnen, dass auf den empfindlichsten Bestandteil der Verbindung immer etwas Rücksicht genommen wurde.

So bleibt die Kette stabil, eventuell unflexibler, aber haltbar.

Fehlende Spontanität, ist ein wirklich einengender Faktor. Alles muss immer geplant angegangen werden.

Für die erste Zeit mit einem Kind völlig nachvollziehbar. Im Hinterkopf hat man ja die Gewissheit, oder man glaubt, sie zu haben, dass sich mit fortschreitendem Alter des Kindes immer weitere Freiräume ergeben.

Irgendwann heißt es: »Schuhe an, Jacke an, wir gehen raus.«

Mit mir dauerte alles immer etwas länger. Das war nie ein Problem. Es wurde zur Gewohnheit. Doch passierte es auch, dass ich genau dann, als alles soweit fertig war, einen Krampf bekam.

Schnell war die spontane Aktion begraben.

Sich über Jahre und Jahre immer weiter zu motivieren, ist ein hartes Stück Arbeit.

Zu sagen, es würde immer gelingen, wäre gelogen.

In solchen Momenten baute sich dann manchmal eine gewisse Frustration bei meinen Eltern auf. Wer will es ihnen verdenken.

Es ist legitim enttäuscht zu sein. Selbst wenn die Notwendigkeit des Zurücksteckens erkannt wird.

Zu gerne hätten sie einfach nur häufiger spontan handeln wollen.

Wieder lese ich den Konjunktiv, der doch so gerne ein Indikativ sein wollte.

So gingen meine Geschwister öfter mit meinem Vater alleine los und meine Mutter blieb bei oder auch mit mir zu Hause.
Immer Rücksicht zu nehmen, ist auf Dauer bestimmt nicht einfach.
Ist einem bewusst, dass man selbst das schwächste Mitglied in der Familie ist, fühlt man sich sicherlich nicht häufig wohl bei dem Gedanken.
Ist es jetzt gut, dass mir dieses Bewusstsein fehlt?

Ich glaube schon, es lebt sich dadurch leichter.

*

Es gibt immer ein Leben außerhalb der familiären Räume. Dort gab es bei meinen Geschwistern keinerlei Unterschiede zu ihren Freunden.
Dennoch wird der Umstand, mit einer behinderten Schwester aufgewachsen zu sein, etwas mit meinen Geschwistern gemacht haben. Ihre innere Einstellung und ihr Blick auf Behinderung.
Sie haben eine eigene Wahrnehmung entwickelt. Für mich haben sie ein Gefühl entfaltet, wo Möglichkeiten bestehen, mich einzubeziehen.
Sie wissen genau, wo es keine Schande ist, etwas ohne mich zu machen.
Nicht alles muss für mich ermöglicht werden, nur um eventuell das Bild der Ausgrenzung nicht aufkommen zu lassen.
Ein »Muss« sollte nie das Leben bestimmen.

Manchmal ist ein lockeres »Kann« besser als ein krampfhaftes »Muss.«

*

Und nun zu zwei Menschen, deren Lebensweg leider schon beendet ist. Sie waren jedoch viele Jahre sehr wichtig für mich.

Meine Oma Gitta und meinen Opa Hardy möchte ich nicht, darf ich nicht vergessen. Sie waren die Eltern meiner Mutter.

Ich war ihr erstes Enkelkind und ihre Liebe zu mir war groß und tief.

Sie nahmen mich von Anfang an so an, wie ich war. Auch wenn ich weiß, dass meine Oma bis zuletzt die Hoffnung nicht aufgab. Vielleicht würde sich an meinem Zustand noch etwas zum Positiven wenden.

Sie wollte ihn nicht endgültig ablegen, den Glauben daran.

Mit meinen Großeltern fuhr ich oft in den Wald, um Pilze zu suchen. Die beiden liebten es, die Wälder in Ratingen-Tiefenbroich zu durchstreifen.

Sie schoben mich, als ich noch klein war, in einem Faltbuggy über die Waldwege und Lichtungen.

Meine Oma erklärte mir alles, was uns bei unseren Ausflügen vor die Füße kam.

Egal ob ich es verstand oder nicht, sie redete und zeigte mir alles für ihr Leben gerne. So, wie sie es später auch mit meinen Geschwistern machte.

Bei beiden konnte und durfte ich auch übernachten. Kleine Ferien verbringen, sodass meine Eltern manchmal nur Zeit für sich und meine Geschwister hatten.

Meine Großeltern nahmen sich dann alle Zeit der Welt für mich. Sie waren glücklich, mir schöne Stunden bereiten zu können.

Oma Gitta konnte wunderbar nähen. Sie war generell handwerklich sehr geschickt.

Einmal fertigte sie aus einer Lammfelldecke warme Fellstiefelchen für mich. Sie hatten einen langen Reißverschluss, damit sie mir leicht angezogen werden konnten. Es war harte Arbeit, die Nadel immer wieder per Hand durch das Leder zu drücken. Jedes Stück Faden das verarbeitet wurde, war aus Liebe gewebt. Noch heute habe ich diese Stiefelchen. Sie sind die Wärmsten, die ich je hatte.

Oma Gitta hatte nie Probleme damit, mir das Essen anzureichen. Kein Handgriff war ihr zu schwer. Wäre es so gewesen, sie hätte es sich nie anmerken lassen.

Meine Oma Gitta, Brigitte, starb im Mai 2013 bei uns im Haus.

Wie es dazu kam, darüber berichte ich an späterer Stelle.

Opa Hardy, mein Opa Eberhard, war sehr zart in seinem Innern. Seine Seele war so empfindsam wie eine Pusteblume im Wind.

Gerne passte er auf mich auf oder schob mein Wägelchen.

Durch einen Jahre zurückliegenden, anerkannten ärztlichen Kunstfehler, war eines seiner Beine nicht sehr belastbar. So benötigte er fast immer einen Stock beim Gehen.

Diesem Umstand geschuldet, konnte er mich nicht tragen, wie er es gerne gemacht hätte. Zu groß war seine Angst, dass mir durch seine Schuld etwas passiert wäre.

Eine weise Rücksichtnahme.

Jedes Mal, wenn ich einen Krampf bekam, zerriss es ihm ein Stück weit das Herz. Sah er mich so, schimmerten nicht selten Tränen in seinen Augen.

Ich spürte, dass ihm wehtat, was mit mir geschehen war. Dass er still litt, dass seine Tochter solch ein Schicksal mit ihrem ersten Kind tragen musste.

Mein Opa Hardy, Eberhard, starb Ende April 2000.

*

Die Eltern meines Vaters, es klingt hart, aber mit ihnen verbindet mich nicht viel. Verwandtschaft, jedoch keine wirkliche Nähe.

Unser Verhältnis blieb fast nur auf Geburtstagsbesuche beschränkt und nachdem mein Opa vor einigen Jahren starb, schlief unser Kontakt komplett ein.

An meinem Leben ändert sich dadurch nichts.

*

Nachbarn hingegen können mehr Familie sein, als man es sich je hätte denken können.

Zuerst gibt es Margot. Sie lebt immer noch in dem Haus, in dem ich die ersten zehn Jahre meines Lebens verbrachte.

Von Anfang an hatte sie nie Berührungsängste. Sie schnappt mich, und setzt mich auf ihren Schoß. Sie behandelt mich nie so, als könnte ich im nächsten Moment zerbrechen.

Margot ist eine der wenigen, die sich traut, mir mein Essen anzureichen. Was rein soll, findet seinen Weg. Auch wenn es nicht einfach ist. Nach dem Motto gelang es ihr immer.
Ich hatte stets sichtlich Freude, wenn sie bei mir war.
Margot kommt auch weiterhin zu mir, denn sie lebt glücklich und zufrieden nur einige Straßen von mir entfernt.

*

Halbe Ersatzgroßeltern wurden Herr und Frau Fortkord für mich.
Sie wurden, als wir im Herbst des Jahres 2000 den Bungalow bezogen, unsere Nachbarn.

Beide freuten sich sehr, dass eine Familie mit Kindern neben ihnen wohnte und über die Jahre entwickelte sich ein sehr gutes Verhältnis zwischen den Familien. Meine Geschwister fühlten sich bei den älteren Herrschaften so wohl, als wären es ihre Großeltern.
Holzelemente, die die Gärten voneinander teilten, verschwanden mit der Zeit und nicht selten wurde über den niedrigen Jägerzaun hinweg geplaudert.

Gerne passten »Die Fortkords« für einige Stunden auf mich auf. In ihrem Kaminzimmer verbrachte ich schöne Zeiten. Ich lag bequem auf einem kleinen Sofa und hörte klassische Musik. Während ich zum großen Fenster sah, bewachte mich ihr Hund Karl. Ich erweckte seinen Beschützerinstinkt.

Leider sind beide in den letzten Jahren verstorben, doch ihr Sohn lebt jetzt in dem Haus.

Er ist fast ein kleiner Bruder für meine Mama.

ELF
- Mein Hund Emma und die Katzen -

Zu meinen lieben Menschen gesellten sich über die Jahre unsere Tiere.

Allen voran mein Hund Emma*.

Meine Eltern wollten sie als eine Art Therapiehund für mich.

Therapie insoweit, dass ich durch sie neue Reize erfahren würde.

Emma wurde meine Beschützerin.

Seit nunmehr 15 Jahren lebt sie an meiner Seite, an der Seite der ganzen Familie.

Wir hatten sie im Internet auf einer Tierschutzseite gefunden. »Gerettet« vor einer unsicheren Zukunft in Griechenland.

Ihr Bruder hatte beide Vorderbeine gebrochen.

Emma hatte einen Knick im Schwanz. Irgendwer hatte die Welpen einfach über den Zaun eines Tierheims geworfen.

Emma ist ein Mischling, »Irgendetwas mit Labrador drin.« Eine einmalig liebe Hundeseele, so wie es sicherlich viele Hundebesitzer auch von ihrem Hund sagen.

Die erste Nacht, die sie hier im Land war, schlief sie auf dem Hundenapf. Ein unvorstellbar süßes und trauriges Bild zugleich. Genug Nahrung zu bekommen, war für sie nicht alltäglich gewesen.

Bei uns sollte sie nie mehr hungern müssen, weder an Nahrung noch an Liebe. Anfänglich war sie ein so ängstliches Hundewesen, doch merkte sie schnell, dass sie unserer Familie vertrauen konnte.

Ich bekam durch Emma andere Reize und das war gut. Sie leckte vorsichtig meine Hände und Unterschenkel ab. Manchmal kitzelte es, zuweilen war es mir egal.

Sie passte jeden Tag auf mich auf und brachte mich am Morgen mit zu meinem Rollstuhlbus. Erst zu dem, der mich in die Schule fuhr, später zu dem Bus, der mich in die Caritas Werkstätten brachte.

Emma lief meistens neben meinem Rollstuhl her, nicht immer perfekt, doch das ist gut, denn zu perfekt passt nicht zu uns.

Mittags lag sie im Flur und lauschte auf die Geräusche draußen auf der Straße. Emma hörte genau, wann der Bus zurückkam, und erwartete mich.

Meine Mama legte jeden Tag ein Leckerchen für Emma auf die Fußstütze des Rollstuhls, meine Begrüßung für sie.

Vielleicht wartete sie auch nur darauf, doch glaube

ich das nicht wirklich.

Waren wir gemeinsam im Garten, lag sie neben mir im Gras.

Emma, diese liebe Hündin mit dem hellen, manchmal etwas struppigen Fell. Ihre Augen so braun, treu und lieb. Eine bessere Therapie konnte ich nicht haben.

Wie ich gerade feststelle, einen treueren Freund hätte ich auch nie finden können.

Ich habe also doch einen Freund. Eine beste Freundin. Eine, die mich lesen und verstehen kann.

Noch immer begleitet sie mich jeden Abend auf dem Weg in mein Bett. Ich hoffe, ihr tiefes, ruhiges Schnaufen noch lange neben mir hören zu können.

»Aufgrund meiner Schwerbehinderung und Hilflosigkeit ist mein Hund von der Hundesteuer befreit.«

*

Und es gibt die Katzen.

Alle Tiere waren durchweg sanft, liebevoll und ohne jegliche Hinterlist. Wir hatten nie eine Samtpfote, bei der man befürchten musste, dass sie vor Schreck die Krallen in mich geschlagen hätte.

Meine Eltern dachten an wunderschöne Bilder, auf denen sich eine Katze an ihren Menschen schmiegt. Seine Gesellschaft sucht und ihn wärmt. Dieses Erlebnis der Nähe wollten sie mir nicht vorenthalten.

Ich bin nicht immer ruhig, wenn auch meistens und so bestand die Hoffnung, dass die Katzen meine Gesellschaft suchen würden.

Liege ich auf dem Sofa, bin ich oft ganz entspannt. Krampfe ich jedoch plötzlich, mache ich manchmal überraschende Bewegungen mit den Beinen.
Das könnte die Tiere erschrecken.

Im Vorfeld galt es immer alles abzuwägen. Nichts ist wirklich ohne Restrisiko. Meine Eltern bewiesen jedoch immer ein gutes Gespür, bei der Auswahl der Tiere.
Drei Katzen lebten schon bei uns, bevor Emma hier einzog. Schwarz/silbern/weiße wunderschöne Perser-Mixe.
Leider sind diese drei mittlerweile alle verstorben.

Fee, unsere Pummelfee, kam als letzte aus dem Trio zu uns.
Die beiden Kater Felix und Paulchen trauten sich nicht wirklich, doch Fee hatte keinerlei Scheu und legte sich zu mir. Schmiegte sich an meine Beine, an meinen Rumpf. Sie wärmte mich und erfüllte meinen Körper mit sanften Vibrationen, wenn sie schnurrte.
Fee war immer auf der Suche nach Nähe. Bei mir wurde sie stets fündig.

Nachdem Felix sehr jung verstarb, kam Filou, ein Maine Coon/Birma Mix Welpe. Er war wie ein großes Stofftier und hatte wunderschöne blaue Augen. Ab und an legte er sich zu mir an die Füße. Noch lieber schlief er in meinem Rollstuhl.
Leider ist er im letzten Jahr gestorben. Filou hatte felines Asthma, Katzenasthma und entschied für sich, dass unser gemeinsamer Weg zu enden hatte.

Fleur ist die einzige Katze, die wir vom Tierschutz haben. Sie zog, nachdem Fee und Paulchen verstorben

waren, 2017 als neue Gefährtin für Filou bei uns ein.
Filou sollte nicht alleine sein, auch wenn er in Emma immer eine liebe Freundin hatte.

Fleur war anfänglich unglaublich ängstlich. Sie versteckte sich nur und ließ sich nicht berühren. Mein Bruder schaffte es mit sehr viel Ausdauer und liebevoller Annäherung, dass sie nun, nach zwei Jahren hier im Haus, mitten in der Familie lebt. Ich selbst lernte sie erst kennen, als sie sich das erste Mal von alleine an meine Beine legte.

Die Mädchen haben eventuell eine andere, mütterliche Ader und suchen eher meine Nähe.

Da eine Katze einen Partner braucht, hat nach Filous Tod, der kleine Louie hier Einzug gehalten.

Louie ist ein aufgewecktes Kerlchen und er wird ein großer Kater werden, in ihm steckt sehr viel Maine Coon. Völlig ohne Vorbehalte tapst er durch seine Welt und so ist er auch schon bei mir auf dem Sofa gelandet. Er schaute kurz, empfand den Platz als bequem und legte sich neben mich.

Vielleicht tritt er ein wenig in die Fußstapfen von Fee, wer weiß das schon.

Alle Katzen nehmen zudem eine besondere Aufpasser-Rolle ein. Sie fangen mit Begeisterung jede Fliege oder Mücke, die sich hier ins Haus verirrt.

So erfüllen sie spielerisch eine wichtige, zusätzliche Aufgabe. Sie sorgen auf ihre ganz spezielle Art für etwas mehr Sicherheit und Geborgenheit in meinem Leben.

Fee

ZWÖLF
- Kindergarten, Schule und über das Kranksein -

Kindergartenzeit.

Als ich 5 Jahre alt war, wagten meine Eltern den Schritt, mich aus ihren Händen zu geben. Wenigstens für einige Stunden am Tag.
Natürlich wollten sie mich darauf vorbereiten und erzählten mir vom Kindergarten, doch Freude kam nie bei mir auf.
Ich hatte keine Vorstellung von dem, das mich nun erwarten würde.
Davon, dass eine Änderung meines Alltages anstand, hatte ich nicht den Hauch einer Ahnung.
Auch wenn mich meine Eltern mit Worten vorbereiten wollten, verstand ich nie, wovon sie redeten.

Mein Kindergarten war in Hoerstgen, einem Stadtteil von Kamp Lintfort. Zum ersten Mal in meinem Leben hatte ich Kontakt zu einem Fahrdienst und die Fahrt zum Kindergarten dauerte gut eine halbe Stunde.
Zu dieser Zeit saß ich während der Fahrten noch in einem Kindersitz und im Kindergarten erwartete mich ein Sitz auf Rollen.
Eine sehr schöne Zeit sollte auf mich zukommen.

Meine Eltern konnten das Loslassen ein wenig üben. Über ein Kontaktheft bekamen sie immer genau mitgeteilt, wie mein Tag war.
Dies förderte das Vertrauen.

Sie selbst konnten berichten, wie z. B. meine Nacht war.
Die Kontakthefte haben meine Eltern alle aufgehoben. Es sind besondere Tagebücher.

Hier einige Einträge:

<u>Aus dem Kindergarten</u>:

Lisa hat heute mehrmals gekrampft .....

Lisa hat heute fast nur gejammert ....

Lisa machte heute nur einen zufrieden Eindruck bei uns auf dem Arm .....

Lisa bekam heute immer mehr Pickel im Gesicht, ob sie gegen irgendetwas allergisch ist?

Lisa hat heute sehr wenig getrunken; sie hat stetig auf den Sauger gebissen, um ja nichts trinken zu müssen. Lisa war heute eine kleine Schlafmütze ......
Lisa hatte 2 Verdauung, hat vor und nach dem Mittagessen geschlafen und war ansonsten putzmunter.

Lisa hat heute viel gelacht und nur eine viertel Stunde geschlafen.

<u>Von meinen Eltern</u>:

Lisa ist seit 4.15 Uhr wach ....

Lisa ist seit 4.00 Uhr wach ......
Lisa ist seit 5.00 Uhr wach .....

Ihr geht es richtig gut, und immer wenn sie vom Kindergarten kommt, macht sie den Eindruck, als wenn sie einen tollen Tag hatte. Danke für die gute Betreuung.

Lisa hat die beiden letzten Nächte nicht so gut geschlafen, ihre Krampfbereitschaft ist auch erhöht (liegt am schwankenden Wetter)
Lisa hatte gestern noch zwei Krämpfe. Heute Nacht hat sie aber geschlafen wie ein junger Gott ......

Diese Art der Kommunikation war sehr wichtig. Alle Seiten waren stets auf dem Laufenden, denn ich selbst war aus bekannten Gründen immer äußerst sparsam mit Worten.
Im Kindergarten war ich zum ersten Mal Teil einer anderen Gemeinschaft, als die innerhalb meiner Familie.

Das in den Kindergarten gesetzte Vertrauen, wurde nie enttäuscht.

Die Betreuung war sehr gut. Alle Mitarbeiter waren liebevoll im Umgang mit mir.

Jedoch hat auch die schönste Zeit einmal ein Ende.

Der Tag der Abschiedsfeier war gekommen.
Alle hatten sich bei den Vorbereitungen viel Mühe gegeben. Fast jeder hatte Spaß an dem Tag.
Meine Mutter nicht. Sie weinte dicke Tränen des Abschieds. Dabei hätte sie sich freuen sollen, schließlich hatte ich eine schöne Zeit dort.

Auf eine Zeit der Sicherheit würde ein Abschnitt

der Ungewissheit folgen. Weil sie Angst vor dem hatte, was kommen würde, weinte sie.

Wie konnte ich verstehen, dass meine Mutter nicht wollte, dass etwas so Schönes enden musste?

Wie sollte ich bemerken, dass es ihr unendlich leidtat, dass ich von jetzt auf gleich nicht mehr zu diesem schönen Ort der Geborgenheit fahren würde?

Wie sollte ich wissen, dass es sie so sehr schmerzte, dass ich wieder einmal von all dem, das auf mich zukommen sollte, nichts verstand?

Wie konnte ich auch nur erahnen, dass ich die mir so vertrauten Menschen und Stimmen nie mehr hören würde?

Das Wissen um meine Unwissenheit kann für andere sehr schmerzhaft sein.

So oft mir meine Eltern auch von der nahenden Schulzeit erzählten, ich hatte keinerlei Vorstellung von dem Wechsel.

Ich hatte keine Ahnung, dass die Zeit im Kindergarten unwiderruflich für mich vorbei war.

Dass sich nach dem Sommer mein Alltag komplett ändern würde, überstieg mein Vorstellungsvermögen um Längen.

*

Was ist Schule?

Wie jedes Kind, das ins schulpflichtige Alter kommt,

musste auch ich zur Schuleingangsuntersuchung des Gesundheitsamtes. Mein Weg würde mich jedoch nicht auf eine Regelschule führen. Die allseits bekannte Grundschule war keine realistische Option für mich.

Der übliche Vorgang war nun, dass zwei abgesandte Lehrerinnen der Grundschule, auf die ich ohne Behinderung gegangen wäre, für ein Beratungsgespräch zu mir nach Hause kamen. Die ganze Situation und weitere Vorgehensweise musste abgeklärt werden.

In meinem Fall war es nicht notwendig, meine Eltern davon zu überzeugen, dass mein Weg auf die Hilda-Heinemann-Schule würde führen müssen. Ihnen war schon immer bewusst, dass die Regelschule nichts für mich sein würde.

Es wurde ein angenehmer Kaffee-Nachmittag für alle.

Eine der beiden Lehrerinnen wurde später die Klassenlehrerin meines kleinen Bruders.

Selbst nach Jahren konnte sie sich noch gut an mich und meine Familie erinnern. Solche Beratungsgespräche sind auch für langgediente Lehrer eher selten. Oft auch unangenehm. Doch unser Nachmittag war ein stressfreier Tag für die Lehrkräfte.

Das blieb in der Erinnerung haften.

Meine Eltern wussten, dass ich nie etwas lernen würde. Doch die Schulpflicht ging auch an mir nicht vorbei.

Die Hilda-Heinemann-Schule in Moers bietet besondere Förderungen.

Der Förderschwerpunkt liegt dort bei der geistigen Entwicklung. Jedoch ist sie auch gut auf körperbehinderte Schüler vorbereitet.

Schule ist im Vergleich zum Kindergarten größer.
Schule ist lauter.
In der Schule sind nicht mehr nur kleine Kinder.
Nicht mehr nur niedliche, kleine Kinder. Ein Punkt, der so simpel klingt.

Kleinen Kindern wird automatisch ein gefühlter Sympathiebonus gewährt. Der Beschützerinstinkt für kleine Kinder ruht unbewusst in den Menschen. Dieser verschwindet oft, wenn aus dem Kind ein erwachsener Mensch wird und die Niedlichkeit dahin ist.

Sehr schnell ist der gewährte Bonus aufgebraucht.

Behinderung ist in der Schule allgegenwärtig. Damit meine ich nicht die humpelnde Oma, die einen Hüftschaden hat und dadurch gehbehindert ist.
Auf meiner Schule hatte jeder Schüler geistige Defizite. Es gab keine rein körperbehinderten Mitschüler, oder sie wären mir in der ganzen Zeit nicht aufgefallen.

Beim ersten Besuch in der Schule mussten meine Eltern auch einmal tief durchatmen. Auf die geballten Formen der geistigen Behinderungen zu treffen, musste kurz verarbeitet werden.

Darf so etwas geschrieben oder gesagt werden? Ja natürlich darf das.
Selbst als Angehöriger ist es nicht immer leicht, mit allem klarzukommen.
Es ist vergleichbar mit dem Haarausfall bei einer Chemotherapie. Jeder weiß, dass die Glatze kommen wird. Sieht man sie jedoch zum ersten Mal, muss man dennoch kurz schlucken.

Es ist wie immer der Unterschied zwischen theoretischem Wissen und dem realen Erleben und Spüren.

Emotionen suchen sich ihren Weg und lassen sich nicht simpel bei jeder Gelegenheit wegwischen.

Schließlich ist man keine menschliche Maschine.

Einmal tief durchatmen und das Leben geht weiter.

Mit neuen Eindrücken, neuen Erfahrungen und neuen Bekanntschaften.

Eine fröhliche Stimmung hing in den Räumen der Schule. Diese Fröhlichkeit machte es leichter, denn spätestens, als meine Mutter einen etwas abseits stehenden Halbwüchsigen sah, der durch den Hosenstoff hindurch ungeniert sein Geschlecht massierte, merkte sie, dass nun eine andere Zeit beginnen würde.

Auch ist es die unumstößliche Tatsache, dass das eigene Kind nun ein Teil dieser neuen, unbekannten Gemeinschaft sein wird.

Ich war sieben Jahre alt. Sieben Jahre, in denen man sich entspannt darauf hätte einstellen können.

Es ist jedoch etwas anderes, die Realität zu sehen und zu spüren.

Es gibt Dinge, die kann man sich nie wirklich schönreden.

Sie schmerzen, doch da muss man durch.

Das Leben ist kein Streichelzoo und manchmal ist nichts härter, als der Realität ins Auge zu schauen.

*

Die Lehrer waren durchweg lieb, freundlich, herzlich und aufgeschlossen.

Die Räumlichkeiten hell und einladend. Und doch war es ein großer Schritt. Der Beginn eines neuen Lebensabschnitts.

Erneut musste Vertrauen aufgebaut werden.
Es klingt so leicht. Jedoch war es nie leicht für meine Eltern, doch die Zeit sollte es richten.

Wie die Zeit so vieles richten kann.
Vieles, jedoch nie alles.
Meine Eltern gaben mich erneut in unbekannte Hände. So mussten sie darauf vertrauen, dass die Tage gut verlaufen würden. Nie konnte ich ihnen selbst über meinen Schultag berichten.

Daher wurde auch in der Schule ein Kontaktheft geführt.

Ich bekam ein eigenes Bett in den Klassenraum gestellt. Ein Hochbett. Für manchen Schüler sicherlich ein Traum, für mich eine Notwendigkeit. Im Rollstuhl konnte ich nicht immer lange sitzen, so waren entspannende Zeiten im Bett sehr willkommen.

Willkommen und auch nötig.
Ausgestattet mit vielen kleinen und großen Kissen, konnte ich dort ähnlich gut wie zu Hause gelagert werden.
Die darunterliegende »Höhle« diente meinen Mitschülern als beliebter Kuschelplatz.

Meine Schulzeit fing in der Vorstufe an. Sie ging über Unter-, Mittel-, Ober-, bis hin zur Werkstufe.
Einzig der schon beschriebene Klassenfahrt Vorfall mit meinen Verbrennungen trübt die rückblickende Sicht ein wenig.

Meistens war ich diejenige in der Klasse, die am

wenigsten konnte. Ohne eine Behinderungsrangfolge aufstellen zu wollen, glaube ich fast, oft die gewesen zu sein, die es augenscheinlich am heftigsten getroffen hatte.

Ich war immer ein wertvoller Bestandteil der Klasse. Unter anderem lernten meine Mitschüler durch mich, wie wichtig es ist, Rücksicht zu nehmen.

Oft hieß es »Psssst, seid leise, Lisa erschreckt sich sonst.«

Sehr häufig hat es funktioniert. Niemand wollte dafür verantwortlich sein, dass ich wegen ihm weinte, oder einen Krampf bekam.

Ich konnte spüren, dass ich meinen Mitschülern wichtig war und sie mich mochten.

Im Rahmen meiner Möglichkeiten war ich immer dabei und wurde mit einbezogen. Ich matschte, mit meinen von den Lehrern geführten Händen, in Farben und Teigen herum. Bei den regelmäßigen Ausflügen meiner Klasse in die Stadt war ich auch dabei.

Jedes Jahr wurde mein Geburtstag in meiner Klasse gefeiert. Dafür packte meine Mutter kleine Geschenktütchen für die Mitschüler, Leckereien für zu Hause. Manchmal wurde das Lied »Wie schön, dass du geboren bist, wir hätten dich sonst sehr vermisst« auf der Gitarre angespielt und dazu wurde gemeinsam gesungen.

Ich muss sagen, meine Mutter kann wirklich peinlich sein. Alle haben gesungen oder geklatscht, nur sie war sprachlos.

Sie weinte oder hatte einen dicken Klos im Hals, der ihr die Stimme nahm.

Die verständnisvollen Lehrer haben sie weinen lassen.

Sie wird sicher nicht die einzige Mutter gewesen sein, der es so erging.

Ja, diese bewussten Tage.

Tage, an denen alte, nie verheilende Wunden wieder weit aufgekratzt werden.

Tage, an denen die Sehnsucht fast übermächtig wird. Niemand möchte es, dennoch berühren bestimmte Daten so sehr, dass es keinerlei Worte dafür bedarf.

*

Meine Mutter beschrieb den Lehrern, so gut es ging, wie mit mir im Alltag umzugehen sei.

Für den Fall der Fälle, einen zu heftigen Krampf, wurde ein Notfallmedikament in der Schule hinterlegt.

Ein Diazepam Klistier, 5 mg. Anscheinend die geringste Dosis, die es gibt.

Hier ein Auszug aus dem Beipackzettel von:

Diazepam Desitin rectal tube 5 mg

Behandlung des Status epilepticus

Kinder:

Je nach Alter und Gewicht rektal 5 – 10 mg Diazepam (Maximaldosis 20 mg):

bis 3 Jahre (10 – 15 kg Körpergewicht [KG]): 5 mg Diazepam (1 rectal ...)

ab 15 kg KG (ab 3 Jahre): 10 mg Diazepam (2 rectal ...)

falls notwendig mit Wiederholung. Die maximale Wirkung tritt nach 11 – 23 Minuten ein.

Demnach ist eine 5 mg Dosis im Notfall nicht zu viel.

An Tagen, an denen es mir durch das Wetter oder dem Mond nicht so gut ging, blieb ich direkt zu Hause.

Es hatte keinen Sinn, dass ich eventuell stundenlang in der Schule jammern würde.

Solange wimmern, bis endlich ein Krampf durchkommen würde.

Keinem wäre damit gedient gewesen, weder mir noch den anderen Kindern in der Klasse.

Den Lehrern auch nicht, sie hätten sich zu intensiv um ein einziges Kind, um mich, kümmern müssen.

Einmal, ich war ungefähr zehn oder elf Jahre alt, habe ich zu Hause sehr heftig gekrampft.

Meine Eltern waren sehr erfahren, wenn es um meine Krämpfe ging.

Dieses Mal jedoch war es für sie schwer, den Verlauf einzuschätzen. Zwei oder drei große Krämpfe kurz hintereinander. Endete der eine Anfall, fing der Nächste direkt an.

Obwohl diese Einläufe schon seit Jahren für den Notfall bei uns im Haus waren, gaben sie mir das Medikament zum ersten Mal.

Mit dem Wunsch verbunden, dass es mir bald besser gehen würde.

Das Diazepam begann zu wirken.

Ich wurde ruhig, ganz ruhig. Die Krämpfe hörten auf.

Dennoch bekamen meine Eltern erneut Angst.

Durch das Medikament wurden meine Muskeln, die sonst meistens unter starker Spannung standen, sehr schlaff.

Ich war plötzlich absolut locker.

Es war ein völlig ungewohntes Gefühl für meine Eltern, mich ohne jegliche Spannung im Arm zu halten.

Wie gesagt, wir hatten das Medikament schon seit Jahren zu Hause, jedoch nie genutzt.

Zu groß war der gefühlte Respekt, vor solch einem Mittel. Zudem wollten mir meine Eltern nie unnötig Medikamente geben.
Meine Leber sollte nicht zu sehr belastet werden.

*

Kleiner Zwischeneinschub:
Eine Blutabnahme Ende 2018 bescheinigte mir sehr gute Blutwerte. Ein wenig niedriger Eisenwert, aber selbst die Blutfette sind in einem guten Zustand.
Der Arzt war sehr erstaunt. Er sagte meiner Mutter, dass dies ihr Verdienst sei.
Gute Pflege und sorgsamer Umgang mit Medikamenten machen alles möglich.

*

Es hieß immer, wenn meine Eltern es für notwendig halten würden, dann sollten sie mir das Diazepam geben.
   Nie hieß es: »Geben sie es Lisa und rufen sie dann einen Notarzt.«
Nun, so völlig ohne Körperspannung in ihrem Arm, hatten meine Eltern Angst. Ich war ruhig und schlapp.
Mein Herz raste nicht wie gewöhnlich.
Es schlug leise und langsam wie selten.
Sehr langsam.
Es war ein gruseliges Gefühl für meine Eltern. Weit abseits der Realität, völlig fremd.
Sie hielten und trugen mich, lauschten auf meinen Herzschlag und beobachteten meine Atmung.
Langsam stellte sich wieder das Gefühl der Sicherheit

bei ihnen ein.

Mein Herzschlag wurde kräftiger, ich hatte die Krise überstanden.

Sie schworen sich in diesem Moment, mir nie mehr dieses Mittel zu geben. Bis heute haben sie sich an ihren Schwur gehalten.

Diazepam hat einen Beipackzettel, der so lang ist, dass man am liebsten aufhört zu lesen.

Wenn es heißt, dieses Mittel ist für den Notfall, weiß man, dass es eingesetzt werden muss. Schließlich ist es für Kinder ab drei Jahren gedacht, ich war viel älter und ging schon in die Schule.

Es führte kein Weg darum herum.

Immer hängt der Ausspruch von dem tödlichen Krampf wie ein Damoklesschwert über solch einer Situation.

Meine Eltern brauchten mehr als zehn Jahre um der verordneten Medizin zu vertrauen, um sie erstmalig zu nutzen. Sie beruhigte mich auch, keine Frage, doch die Art und Weise war für meine Eltern sehr verstörend.

Viele Jahre später erfuhren sie, und lasen auch, dass dieses Mittel sehr wohl einen Herzstillstand bewirken kann. Herz- und Atemstillstand.

Darüber wurden sie nie aufgeklärt. Der Beipackzettel sollte es richten. Hätten sie den vorher genau studiert, hätten sie mir dann das Diazepam, gegeben?

Die Krampfsituation war jedoch so heftig, dass das Mittel in dem Moment eingesetzt werden musste. Vielleicht hätten sie einen Arzt hinzugerufen, doch auch das ist jetzt nur Theorie. Schließlich vertrauten sie dem Arzt, der es mir verschrieben hatte.

Es war eine Erfahrung, die sie nicht noch einmal

machen wollten. Wie aus einem schlechten Film.
Jetzt haben sie eine schmale Spritze, um aus dem Klistier die Hälfte herauszunehmen, bevor es mir gegeben werden würde. Doch das Vertrauen in das Medikament ist dahin.

*

Die aktuellen Ereignisse um das Coronavirus bringen ein neues Bewusstsein in die Köpfe der Menschen. Hoffentlich. Ein realistisches, nicht überzogenes Bewusstsein im Umgang mit ansteckenden Krankheiten und dem eigenen Verhalten als möglicher Überträger. Leider denken viele Menschen jedoch viel zu oft nur daran, wie sie sich selbst schützen können, und sehen sich weniger als jemand, vor dem andere geschützt werden müssten.
Ich gehöre sicherlich zu einer der Risikogruppen und natürlich sind hier alle besorgt, dass ich dieses Virus bekommen könnte. Wie Widerstandsfähig ich bin, muss nicht wirklich getestet werden, weder an diesem Virus noch an einem anderen.

Meine Eltern hatten, besonders zu Zeiten, wenn Erkältungs- oder Grippewellen übers Land schwappten, Sorge, dass ich mich in der Schule bei einem Mitschüler anstecken könnte.
Ich sitze schließlich hilflos in meinem Rollstuhl. Hustet oder niest jemand in meiner Nähe, kann ich mich nicht wegdrehen. Ich kann mich nicht alleine von der Ansteckungsquelle entfernen, geschweige denn von mir aus einen nötigen Sicherheitsabstand einhalten.
Ich kann mich den ungewaschenen Händen eines

Erkälteten nicht entziehen, wenn er mein Gesicht unbedarft tätscheln möchte.

Leider handelten nicht alle Eltern so fürsorglich, wie es oft hätte sein müssen.
Manchmal wurden Kinder auch kränkelnd zur Schule geschickt. Eventuell mussten die Eltern arbeiten gehen, hatten keinen »Babysitter« und wussten sich nicht anders zu helfen. Oder sie benötigten Zeit für sich, und die Schulzeit war als persönliche Entspannungszeit eingeplant.
Es gibt auch egoistische und manchmal sogar dumme Eltern, nur möchte das niemand gerne hören, doch den Grund für solch ein leichtsinniges Verhalten kann man nicht in der Vernunft finden.
Manche Schüler wohnten auch im Heim. Nicht jedes Kind hat das Glück, im eigenen zu Hause aufzuwachsen. Behindert oder nicht. Dort entschieden dann die Heimbetreuer, ob und wann ein Kind zur Schule geht.
Es fehlt teilweise an Weitsicht oder Aufklärung und zudem steckt in einem alten Spruch so viel Wahrheit: »Was du nicht willst, das man dir tu' das füg' auch keinem anderen zu.«
Möchtest du nicht angesteckt werden, dann stecke auch niemand anderen an.

Für viele sind Husten und Schnupfen fast Allerweltserkrankungen. Nicht als schlimm eingestuft und ob ein Kind mit Schnupfen oder Husten in die Schule geht, hängt immer vom jeweiligen Verantwortlichen ab.
Vielleicht war auch meine Mama zu sehr eine Glucke.

Ich kann jedoch sagen, dass es für mich gut war, wie sie es gehandhabt hat.

Bei mir ist der Verlauf einer Erkältung oft äußerst unangenehm.
Ich kann meine Nase nicht schnauben. Mich nicht auf Kommando räuspern oder husten. Eine Erkältung oder gar die Grippe, kann eine schwere körperliche Belastung für mich sein. Ich hatte schon Fieber von 41 Grad und meine Eltern haben dadurch einige schlimme Stunden mit mir erlebt.
Schleim, den andere mit einem Räuspern aus den Atemwegen entfernen, bleibt bei mir im Hals hängen. Durch die Atemluft wird er in der folgenden Zeit in der Luftröhre hoch und runter bewegt.

Ich bekomme immer schlechter Luft und weiß nicht, dass ich das Problem durch einfaches Abhusten ganz schnell lösen könnte.

Meine Atmung wird immer flacher und meine Eltern versuchen mit jeglicher Unterstützung, mich zum Abhusten zu bewegen. Mein Rücken wird zur Lockerung des Schleims abgeklopft. Einige empfindliche Punkte am Hals werden vorsichtig gedrückt oder ich bekomme Wasser zu trinken.
Beim Trinken kann es immer vorkommen, dass ich mich etwas verschlucke, dann funktioniert der Hustenreflex sofort.
Doch genau dann, wenn es von Vorteil gewesen wäre, habe ich mich meistens nicht verschluckt.
Hatte ich es endlich geschafft abzuhusten, konnte es sehr schnell passieren, dass ich den gerade hochgehusteten Schleim mit dem nächsten Atemzug wieder einatmete.

Fast hätte ich es vergessen, ausspucken kann ich auch nicht.

Das ganze Spiel geht von vorne los.

Das sind Momente, in denen sich meine Mutter ein wenig mehr Verstand für mich wünscht.

Damit es einfacher für mich wäre und ich doch die Worte »Bitte, huste einmal ab« oder »Bitte, räuspere dich einmal« verstehen würde.

Durch das schwere Atmen bekam ich Beklemmungen und meine Eltern eine kleine Krise nach der anderen.

Sie bedankten sich gedanklich bei den Eltern, die kranke Kinder losgeschickt hatten.

Irgendwann bekam ich ein Absauggerät. Eine wirkliche Erleichterung, wenn mein Rachen frei gesaugt werden kann oder auch gerade Hochgehustetes abgesaugt wird.

Ich weiß, kein sehr schönes Thema.

Das Leben besteht leider nicht nur aus schönen Themen.

Wir wären sonst im Wunschwunderland und ich würde hier selbst meine Finger über die Tastatur gleiten lassen.

Ich kann nur sagen, dass es ein äußerst schlimmes Gefühl ist, wenn man nicht genug Luft bekommt.

Jeder Asthmatiker wird mir da zustimmen können.

*

Meine kleine Schwester hatte im Alter von zwei oder drei Jahren Keuchhusten.

Noch bevor sie selbst geimpft werden konnte, steckte sie sich bei meinem Cousin an. Es hieß, er hätte »nur«

einen schlimmen Husten jedoch keinen Keuchhusten.

Vor 25 Jahren konnte man den Testergebnissen beim Arzt nicht immer vertrauen. Ich weiß nicht, ob sie heutzutage genauer sind.

Abgesehen davon, war es von meinem Onkel und meiner Tante unverantwortlich, mit ihrem schwer hustenden Sohn überhaupt zu uns zu kommen.
Der Verlauf der Erkrankung bei meiner Schwester war wie aus dem Lehrbuch, jedoch zeigte ihr Keuchhusten-Test ebenfalls ein negatives Ergebnis.
Zu dieser Zeit war ich noch nicht gegen Keuchhusten geimpft, denn der damalige Impfstoff erschien meinem Kinderarzt als zu gefährlich für mich.
Einige Jahre später, als ein besserer Impfstoff auf den Markt kam, impfte er mich nach.
Meine Schwester war sehr schwer erkrankt. Sie hustete so, als hätte sie die Krankheitsbeschreibung durchgelesen. Sie hatte Keuchhusten, wie er im Buche stand.
Zwei Wochen lang hat sie jede halbe Stunde bis zum Erbrechen husten müssen. Am Tag und in der Nacht.
Meine Mama schlief in dieser Zeit auf einem Klappbett direkt neben ihrem Bettchen. So war sie unmittelbar in ihrer Nähe und konnte bei jedem Hustenanfall für sie da sein. Mein Vater war bei mir.
Meine Eltern schafften es, uns in der Zeit soweit auf Distanz zu halten, dass ich mich nicht ansteckte.

Den Keuchhusten hätte ich bestimmt nicht überlebt.
So wie es meine Eltern mit mir gehandhabt haben, sind wir über die ganzen Jahre gut durch solche Zeiten gekommen.

Ich war vermutlich seltener krank, als andere in meiner Situation.

Meine Geschwister kränkelten ebenfalls sehr selten.

Keiner von uns Kindern hatte je eine Mandel- oder Ohrenentzündung.

Vielleicht habe ich auch in meinen ersten Monaten Vorschub für unser ganzes Leben geleistet.

Wer weiß das schon.

Windpocken hatte ich und die Situation, wie es zu der Ansteckung kam, war eine recht lustige.

Mein kleiner Bruder hatte einen Probetag im Kindergarten. Kurze Zeit danach fuhren wir in den Urlaub und mein Bruder bekam nach einigen Tagen Ausschlag. Meine Eltern suchten mit ihm einen Kinderarzt auf.

»Herzlichen Glückwunsch, sie haben die Windpocken.« Mit diesen Worten brachte der Arzt meinen Eltern das Ergebnis seiner Untersuchung bei.

Volltreffer, einen Tag zur Probe im Kindergarten, schon eine Krankheit eingehandelt.

Windpocken sind nicht schlimm, einfach nur lästig. Nach meinem Bruder bekam sie zuerst meine Schwester und als Letzte durchlebte ich die Krankheit.

Je älter wir waren, umso schlimmer traten die Pocken in Erscheinung. Deshalb war es gut, dass wir die Windpocken hinter uns gebracht hatten, als ich acht oder neun Jahre alt war.

Ein großer Vorteil bei mir ist, ich habe kein wesentliches Empfinden für Jucken. Es ist sehr wahrscheinlich ein zu oberflächlicher Reiz.

Hätte ich das Jucken stark empfunden, dann wäre ich in der Zeit unleidlich gewesen. Dem war aber nicht so. Ich wurde getragen, gehalten und gewickelt.

So sehr meine Eltern auch aufpassten, die ein oder andere Windpocke platzte auf. Die Stellen wurden abgetupft und versorgt und so kamen wir alle ganz gut durch die Windpocken-Zeit.

Genug mit den Krankheiten, jetzt zurück zur Schulzeit.

Bemerkte meine Mutter morgens, dass ein Kind im Bus heftig hustete, oder auch der Fahrer selbst erkrankt war, hat sie den Bus unverrichteter Dinge wieder abfahren lassen.

Ich durfte einen Tag zu Hause bleiben.

Manchmal sagte auch ein Busfahrer von alleine, dass ein krankes Kind mit unterwegs war. Es wäre sicher besser, ich würde erst gar nicht mitkommen.

All das war zwar kurz ärgerlich, aber lieber mehrere Tage gesund zu Hause bleiben als auch nur einen Tag krank.

Meine Eltern konnten sich immer gut auf ihre Intuition verlassen. Sie hatten lange Zeit gelernt, mich richtig zu lesen und mir wohldosiert Medikamente zu geben.

Mussten meine Eltern mit mir zum Notarzt fahren, vertraute dieser meistens voll und ganz auf die Angaben meiner Eltern. Es wurde ein von ihnen empfohlenes Medikament verschrieben.

Erkrankte ich, dann meistens am Wochenende oder zu Weihnachten. Das werden sicherlich viele andere Eltern von ihren Kindern auch kennen.

Irgendwann bekam ich von meinem Arzt vorsorglich ein Antibiotikum für zu Hause und so konnten uns die Fahrten zum Notarzt erspart bleiben.

Zum Arzt musste ich immer nur für Routineuntersuchungen und zum Feststellen und Notierens meines

Allgemeinzustandes.

Die Freiheit zu besitzen, mich immer zu Hause lassen zu können, wenn es gut für mich war, war auch ein Grund dafür, dass meine Mutter während meiner Schulzeit nie arbeiten gegangen ist.

Freiheit ist ein hohes Gut.

Entscheidungsfreiheit ist wertvoll, auch wenn sie in anderen Bereichen Verzicht bedeutet.

Ich kann mich glücklich schätzen, dass ich für so wertvoll erachtet werde, dass gerne für mich Verzicht geübt wird.

*

Nun wieder zu meiner Schulzeit. Die Busfahrt war jeden Tag eine aufregende Angelegenheit für mich.

Dazu der normale Schulalltag mit seinen Geräuschen und Gerüchen, die auf mich einströmten. All dies zusammen bedeutete Stress für mich.

Ich brauchte vermehrt persönlichen Kontakt, besonders Körperkontakt, um Sicherheit zu empfinden.

Die Lehrer konnten dies aus verständlichen Gründen nicht immer bewerkstelligen. So wurde mir eine Integrationshelferin zur Seite gestellt.

Integrationshelfer sind wichtige Stützpfeiler bei der Versorgung und Betreuung in der Schule, selbst in Schulen wie meiner, die bereits auf besondere Unterstützung und Hilfestellung eingerichtet sind.

Ein Integrationshelfer sorgt speziell dafür, dass Kinder mit einem erhöhten Bedarf an persönlicher Betreuung, auch dort gut versorgt sind.

Meine Mutter bemerkte immer, wann mein Integrationshelfer nicht bei mir war.

An Tagen, an denen ich weniger Aufmerksamkeit durch meinen Helfer hatte, kam ich auch nervöser und aufgeregter nach Hause. Ich weinte und jammerte vermehrt.

Gute Tage waren es, wenn ich viele betreute Stunden hatte, so war es in der Schule quasi wie zu Hause.
Alles in allem gesehen war es eine schöne Zeit auf der Hilda-Heinemann-Schule.
Der Abschied nach der Werkstufe war leichter als der zu Kindergartenzeiten.

Ich hatte eine Praktikumszeit in den Caritas Werkstätten durchlaufen und meine Eltern wussten, dass ich dort weiterhin gut aufgehoben sein würde.
Meine Mutter weinte nicht wie bei dem Kindergarten Abschied.

Diesmal blickte sie ohne Angst in die Zukunft.
Die Zeit hilft und sie ist über die Jahre erwachsener geworden, meine Mama.
Mein Papa war gefasster, er ließ sich in solchen Momenten nie so sehr seine Emotionen anmerken.
Doch eins war sicher, auch er will immer nur das Beste für mich und achtete genau darauf, dass es mir nach der Schule weiterhin gut gehen sollte.

DREIZEHN
- Die Sache mit den Geschenken -

Wie mag es sich anfühlen, selbst die Freude für jemand anderen übernehmen zu müssen?

Klingt ein wenig paradox, doch oftmals zeigte ich keinerlei Freude oder Begeisterung für Geburtstags- oder Weihnachtsgeschenke. Außer sie quietschen, doch Socken oder Kleidungsstücke quietschen selten.

Bis auf einen Pullover, den ich einmal bekam, mein Quietschepullover.

Er hatte an der Brust einen Aufnäher, der quietschte, wenn man ihn leicht drückte.

Ein mehr als passendes Geschenk für mich. Immer wenn meine Brust zur Beruhigung leicht geklopft wurde, dann hörte ich gleichzeitig das Quietschen. Und wie schon erwähnt, ich liebe diese Art von Geräuschen.

Meine Freude galt meist nur den Tönen, nicht dem Ding an sich.

Ich glaube, meine Freude über die Geschenke an mich haben die anderen, meine Familie, für mich übernommen. Es wurde für mich ausgepackt, bestaunt und begutachtet.

Und gefreut.

Auch das Schenken wurde für mich übernommen. Das Schenken in meinem Namen.

Schenken soll von Herzen kommen und alle in meinem Namen gemachten Geschenke wären sicher auch von mir aus vollem Herzen geschenkt worden.

Für all die Liebe, die mir entgegengebracht wurde, die

Unterstützung und die Fürsorge.
Besonders die meiner Geschwister.

Mit einer großen Schwester unternimmt man irgendetwas, geht Tanzen oder Einkaufen.
Jedoch tätschelt man nicht immer wieder kurz ihre Hand, damit sie spürt, dass sie nicht alleine ist.
Bereits für diese immer wiederkehrenden kleinen Gesten, würde ich mein Herz verschenken, wenn es ginge.
Ja und so klingt es paradox, dass andere meine Freude übernommen haben, doch auf ein Geschenk folgt in der Regel eine Reaktion.
Der Schenker möchte, dass seine Gabe sinnvoll und gewollt ist und so bestätigten die anderen immer Sinn oder manchmal auch Unsinn eines Geschenks an mich.
Briefe wurden geschrieben. Briefe in denen ich mich bei meinen Geschwistern für ihre Liebe und Zeit für mich bedanke.
Ich hätte sie selbst geschrieben, wenn ich es gekonnt hätte, in der Realität hat es meine Mutter für mich übernommen.
Mein Papa hat Karten in meinem Namen an meine Mama geschrieben.
Unterzeichnet mit einem »Ich liebe dich, deine Lisa.«

Das größte Geschenk von allen, die Liebe, sie brauchte nie eine Verpackung.
Sie kam immer pur und offen zu mir.
Auf sie reagiere ich selbst, mit der Zufriedenheit, die ich für jeden sichtbar ausstrahle.

VIERZEHN
- Vom Buggy zum Rollstuhl -

Für niemanden wird ein Rollstuhl je die erste Wahl sein, wenn es darum geht, sich vorwärts zu bewegen. Eher ist er nach Krücken und Rollator die letzte Station. Er ist das weltweit bekannteste Hinweiszeichen für eine Behinderung.

Bei mir vergingen einige Jahre, bis ich den Ersten mein eigen nannte.

Als Baby lag ich wie jeder andere Säugling in einem handelsüblichen Kinderwagen.

Etwas größer geworden, wurde für mich ein kleiner Faltbuggy gekauft. Einer, bei dem die Rückenlehne weit nach hinten geklappt werden konnte.

Der vom Werk angebrachte Haltegurt verlief zwischen den Beinen und vor dem Bauch entlang. So wurde ich, wie jedes andere Kleinkind, vor dem Herunterrutschen von der Sitzfläche bewahrt. Meine Hände konnte ich nicht nutzen, um mich am Rand des Buggys festzuhalten, mich nach vorne zu ziehen oder mich aufrecht hinzusetzen.

Es kam die Zeit, dass meine Beine zu lang wurden. Ich konnte sie nicht bewusst auf dem Fußriemen zwischen den Vorderrädern abstellen. Meine Füße reichten bis zum Boden oder wären in die Räder geraten.

Der Faltbuggy wurde untauglich für mich und ich bekam den ersten Rehabuggy verordnet. Größer und breiter, mit einer Haltevorrichtung im Brustbereich. Meine Füße konnte ich mit Halteriemen gesichert, auf einer kleinen Ablage abstellen.

Der Buggy war gut für mich, jedoch viel schwerer und sperriger als der kleine Faltwagen zuvor.

Da sich mein Körper mit den folgenden Jahren zu sehr verdrehte, war der Buggy nicht für die Ewigkeit gedacht. Ich brauchte einen Sitz, der an meine Körperform angepasst war. Somit waren die Weichen für meinen ersten Rollstuhl gestellt.

Der Kinderarzt musste, wie zuvor für den Buggy, eine Verordnung für den Rollstuhl ausstellen. Von der Krankenkasse wurde diese geprüft und bewilligt. Nun begann die Arbeit für den Rehatechniker.

Zuerst gab es einen Sitzrohling. Ein nacktes Grundgestell eines Sitzes. Auf die Sitzfläche wurde ein stabiler, blauer Sack gelegt.

Ich wurde darauf gesetzt und in die richtige Sitzposition bewegt. In dieser Stellung wurde ich gehalten. Im nächsten Arbeitsschritt füllte der Rehatechniker einen frisch angerührten Zweikomponentenflüssigschaumstoff in den blauen Plastiksack.

Die Mischung, die meinen Körper langsam umfloss, war angenehm warm. Nach einigen Minuten verfestigte sich der zuvor flüssige Schaumstoff. Meine Körperform zeichnete sich in der ausgekühlten Masse ab.

Diese bildete den Grundstock für einen bequemen Sitz. Es würde keine drückenden Stellen und auch keine luftigen Freiräume geben. Wie eine zweite Haut würde er mir genug Halt bieten.

Über die Jahre hat sich die Technik auch in diesem Bereich weiterentwickelt.

Heute werden die Abdrücke mithilfe einer Computer App gemacht. Dabei tastet die Kamera am Tablett meinen Körper förmlich ab.

Später werden die Daten an einen 3-D Drucker übertragen und die körpergerechte Grundform wird hergestellt. Modernste Technik, wer weiß, ob diese in einigen Jahren auch noch getoppt werden wird.

Das alles hat seinen Preis. Ein Rollstuhl für mich, mit Gestell und passendem Sitz, kostet mehr als siebentausend Euro.

Meine Eltern sagen immer scherzend: »Ohne Motor, Licht und Radio. Für das Geld könnte man ein kleines Auto kaufen.«

Mein aktueller Rollstuhl hat wenige, jedoch hilfreiche Extras.

Eine Brustpelotte hält meinen Oberkörper relativ nah an der optimalen Sitzposition. Für meine Beine gibt es einen breiten Gurt. Er dient dazu, meine dünnen Beinchen bei Bedarf vor dem Wadenpolster zu fixieren. Ich versteife mich jedoch bei Gegendruck, so wird dieser Gurt selten genutzt. Die Fußstütze dient eher als Schutz vor Straßenschmutz, denn ich akzeptiere keinen Druck unter meinen Füßen und so schweben die Beiden immer ein Stück über der Fußstütze.

Die Sitzschale kann, durch betätigen eines kleinen Hebels, fast in Liegeposition gebracht werden. Mittels Gasdruckfedern geht dies sehr leicht.

Zwei Handbremsen und zusätzliche Vorderradbremsen sorgen für einen sicheren Stand. Zudem gibt es ein Stützrädchen, das zwischen den Hinterrädern ausgeklappt wird und den Rollstuhl vor dem Umkippen nach hinten schützt.

Mein Rollstuhl ist mein wichtiges Hilfsmittel.

Bis auf zehn Euro Eigenanteil bezahlt ihn die Krankenkasse.

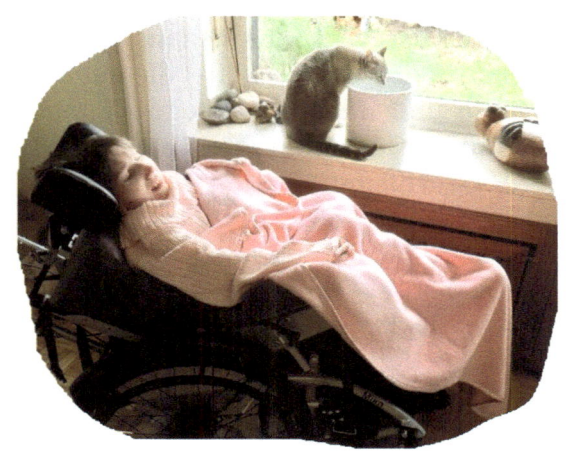

Lisa 2020

Ein hübsches Kinderpflegebett mit einer Länge von 2 Metern wurde mir in jungen Jahren verordnet. Es sollte meine Pflege erleichtern. Die Liegefläche konnte elektrisch hoch und runter gefahren werden, dazu gab es Schutzgitter, die mit einem leichten Handgriff herabgelassen werden konnten.

Nach einiger Zeit stellte sich jedoch heraus, dass ich all das nicht brauchte. Die Gitter waren zu viel Schutz und das Bett war immer in einer passenden Höhe eingestellt. Ich wirkte verloren auf der riesigen Matratze. Das zu große Bett mit viel Technik, wurde wieder abgeholt.

Meine Eltern kauften mir ein kleines Hochbett, das die optimale Höhe hatte, um mich bequem ins Bett zu legen und auch wieder herauszunehmen.

Hier war die einfachere Variante die für alle bessere.

Leider wurden meine Eltern aus Unwissenheit einmal sehr falsch beraten. Sanitätshaus ist nicht gleich Sanitätshaus. Es gibt die Geschäfte, die gut für Stützstrümpfe und andere Katalogware sind und es gibt die Sanitätshäuser, die absolute Fachkräfte beschäftigen und Hilfsmittel, wie einen Rollstuhl, wirklich auf das passende Maß anfertigen können.

Vor mehr als 20 Jahren empfahl uns ein Mitarbeiter eines Sanitätshauses einen Therapiestuhl, komplett aus Holz, ohne jeglichen Bequemlichkeitsfaktor. Kleine Rollen unter der Bodenplatte sollten ihn passend für die Wohnung machen.

Dieser Sitz war unbequem, hart und für mich völlig nutzlos. Dünne Sitzauflagen reichten nicht aus, damit ich auch nur für kurze Zeit gut und sicher sitzen konnte. Ich hatte keinen richtigen Halt, fühlte mich nach wenigen Minuten sehr unwohl und musste wieder aus dem Sitz gehoben werden. So wurde der steife Holzsitz kaum genutzt. Leider hatten meine Eltern zu dem Zeitpunkt noch zu wenig Erfahrung, um dies vorherzusehen.

Der Techniker hätte es jedoch sehen müssen.

Er war der Fachmann.

Es ist ein Unterschied, ob Katalogware mit aller Macht an den Kunden gebracht werden soll oder auf die tatsächlichen, sinnvollen Bedürfnisse geachtet wird.

Bei dem Holzstuhl waren es weit über eintausend D-Mark, die nur das Sanitätshaus glücklich machten.

Manchmal steht das Profitdenken vor dem gesunden Menschenverstand.

FÜNFZEHN
- Endlich 18, oder? -

Der 18. Geburtstag hat seine eigene Magie. Kinder werden zu Erwachsenen. In der Schule können sie ihre eigenen Entschuldigungen schreiben. Sie können nach Hause kommen, wann sie wollen.
In der Theorie schon, doch oft wird nach Familien internen Regeln gelebt.

Zu meinem 18 Geburtstag änderte sich einiges.
Davon bekam ich jedoch nichts mit.
Ich war erwachsen, plötzlich für mich selbst verantwortlich. Das Sorgerecht meiner Eltern für mich endete an diesem Tag.
Durch meine Behinderung bedingt war ich nicht in der Lage, selbst zu handeln. Mir fehlte zudem die Fähigkeit der Einsicht.
Somit war ich geschäftsunfähig.
Das Gesetz sieht es in solchen Fällen vor, dass vom Gericht eine Betreuungsperson bestellt wird.
Für alle Beteiligten am Besten und Bequemsten ist es, wenn dieses Amt von Eltern, Geschwistern oder sonst einem nahen Verwandten übernommen wird.
Für meine Eltern war es eine Ehrensache, diese Aufgabe für ihr nun erwachsenes Kind wahrzunehmen.
Kind der Eltern bleibt man immer.
Gelebte Fürsorge hält sich an kein Datum im Kalender.
Betreuer zu sein bedeutete für meine Eltern im ersten Schritt eine gefühlte Beschneidung ihrer elterlichen Kompetenzen.

Sich 18 Jahre selbstverständlich und gut um mich zu kümmern, wurde ihnen für die Zukunft gefühlsmäßig abgesprochen.

Der Staat würde sie jetzt damit beauftragen, sich um meine Belange zu sorgen.

Zum jeweiligen Jahresende mussten sie dem Gericht Bericht erstatten. Dort musste alles aufgeführt werden, was über das Jahr hinweg für mich erledigt wurde.

Behördengänge, Arztbesuche, Verträge, Geldausgaben, jede gefällte Entscheidung für mich.

Ein wirklich seltsam zu beschreibendes Gefühl, das eine Zeit lang Raum in den Köpfen meiner Eltern einnahm. Nichts hatte sich geändert. Einzig mein Alter.

Moralisch, gefühlsmäßig und durch ihre Liebe zu mir, würden meine Eltern mein Leben lang alles für mich machen. Wie sie es seit meiner Geburt selbstverständlich für mich getan haben.

Dafür bedürfte es nie einer Bestellungsurkunde als mein Betreuer.

Bei jedem Amt, jedem Arzt und auch bei der Krankenkasse musste diese Urkunde vorgelegt werden.

Meine Eltern mussten jetzt den Nachweis erbringen, dass sie für mich verantwortlich sind und für mich handeln dürfen.

Der Betreuerstatus wurde zu einer Aktennotiz.

Ihnen selbst hätte ihr Status als »Eltern von Lisa« völlig ausgereicht.

Gesetz ist Gesetz, alles musste seine Richtigkeit haben.

Nach Abgabe des Jahresberichtes erhält der Betreuer eine Aufwandsentschädigung in Höhe von 399,- € vom Gericht. Eine nette Aufmerksamkeit.

Natürlich muss diese Pauschale gesondert beantragt werden. Dafür genügt ein formloser Satz unter dem Berichtsbogen.

Nichts gibt es umsonst und ohne Aufwand, auch die Aufwandsentschädigung nicht.

Solche Formalitäten machten meinen Eltern bewusst, was alles als Aufwand gezählt wird. Sehr vieles, das für sie immer normal war, fiel nun unter das Dach der Betreuung.

Jedes Telefonat mit der Schule, der Caritas oder der Krankenkasse, dem Fahrdienst, dem Pflegedienst, dem Windellieferanten und den Ämtern, all das wurde nun im Rahmen der Betreuung erledigt.

Alles, das nicht zur direkten Pflege gehört, ist im Prinzip etwas, das organisiert gehört und den Rahmen der Pflege sprengt. Jeder Weg, der für mich zurückgelegt wird, jedes bestellte und abgeholte Rezept, jeder Gang für mich zur Apotheke, jeder Einkauf. Manchmal weiß meine Mutter auch nicht, was nun zur Pflege oder zur Betreuung gehört.

Gesetz und Herz, zwei Welten prallen aufeinander. All das Aufgezählte und noch so viel mehr, wird aus Liebe für mich gemacht und nicht, weil es unter Umständen in die Betreuungspflicht fällt.

*

Im Rahmen der ganzen Betreuer Angelegenheit muss man bei Gericht vorstellig werden.

In meinem Fall kam der Richter zu mir nach Hause. Ein wirkliches Zuvorkommen, dass ich nicht selbst zum Gericht musste und die Behörde so flexibel war und ist.

Der Richter wollte und musste sich ein Bild davon machen, dass wirklich der Bedarf einer Betreuung besteht.

Ich glaube, es war der zweite richterliche Besuch, denn die Betreuung muss nach einigen Jahren wieder neu ausgesprochen werden, da saß der freundliche Richter bei uns im Wohnzimmer.

Ich lag wie so oft am Tag, wenn ich nicht im Rollstuhl sitze, schön bequem mit all meinen Kissen und Stofftieren auf dem Sofa.

Eine über mich gelegte Decke gehörte natürlich dazu.

Bewegt man sich selbst nicht viel, ist es einem sehr schnell kühl ohne Decke. Dieses Gefühl kennt wohl fast jeder.

Meine Mutter saß neben mir, sodass meine Beine hinter ihr lagen. Auf diese Art war sie nah bei mir und ich konnte sie spüren. Mein Kopf ruhte auf dem Kissen und mein Blick ging in die Richtung des Fensters.

Der freundliche Richter saß uns auf dem Sofa, das vor dem Fenster steht, gegenüber. Er unterhielt sich mit meiner Mutter und irgendwann im Gespräch sagte er, es wäre schade, dass ich nicht bei dem Gespräch anwesend wäre.

Meine Mutter musste kurz grinsen und zeigte dann auf mich, natürlich sei ich anwesend.

Oh je, war das dem armen Mann peinlich.

Er hatte die ganze Zeit zu meiner Mutter und mir geblickt, mich aber einfach nicht gesehen. Sicherlich dachte er, was das für ein unordentlicher Deckenhaufen hinter meiner Mama sei.

Ich bin nun einmal eine sehr kleine, zierliche Person.

Geht es mir gut, liege ich ruhig und zufrieden in die Welt hineinlauschend auf dem Sofa.

144

Ich gab die ganze Zeit keinen Ton von mir und der Richter rechnete bestimmt mit jemand anderem. Meine Mutter ist überhaupt nicht auf die Idee gekommen, dass der nette Jurist mich nicht wahrgenommen hatte.

Bis zu diesem Moment.

Sie hatte nicht daran gedacht, mich gesondert vorzustellen und glaubte, der Richter hätte mich gesehen, als sie sich zu mir setzte. Meine Anwesenheit und Sichtbarkeit sind für meine Mama zu selbstverständlich.

Der freundliche Herr nahm es mit richterlichem Humor. Der kurze unangenehme Moment wich einem kopfschüttelnden Lächeln. Er konnte nicht fassen, mich übersehen zu haben.

Wie gesagt, auch diese Besuche sind eine Formsache. Alles muss genau nach dem Gesetz ablaufen.

Es sind jedoch die menschlichen Momente, die aus einer puren Rechtshandlung eine Zwischenmenschliche machen.

Nun sind es schon viele Jahre der Betreuung und ich merke keinen Unterschied zu früher. Meine Eltern sind meine Eltern. Meine Mutter ist meine erste Betreuerin. Mein Vater ist Ersatzbetreuer, mit den gleichen Rechten wie meine Mutter, wenn sie aus irgendwelchen Gründen ihr »Amt« nicht wahrnehmen könnte.

Dies ist bisher noch nie geschehen.

*

Jedes Mal, wenn Wahlen anstehen, Landtag oder

Bundestag, dann ärgern sich meine Eltern.

Ihre Befugnis als Betreuer reicht nicht so weit, dass sie ihre Stimme für mich abgeben dürfen und so geht meine Stimme im Meer der Nichtwählerstimmen unter.

Jedes Mal im Wahlamt merkte es meine Mama erneut an. Es sei nicht schön, dass die Stimme ihrer Tochter zu den Nichtwählern gerechnet wird.

Ich erscheine in den Wahllisten, bekomme eine Wahlbenachrichtigungskarte, jedoch kann diese nicht genutzt werden.

Vielleicht ändert sich das über die Jahre. Es wäre schön. Wie heißt es immer:

»Jede Stimme zählt.«

*

Mit 18 Jahren hatte ich Anrecht auf Grundsicherung. »Grundsicherung im Alter und bei Erwerbsminderung.«

Es ist eine Leistung des Sozialamtes.

Natürlich wird man nicht vom Amt freundlich angeschrieben: »Guten Tag, Sie haben nun Anrecht auf Grundsicherung.«

Es war eher zufällig, dass meine Eltern von dieser Möglichkeit erfuhren.

Alle nötigen Unterlagen im Gepäck, stellten sie den Antrag für mich. Nach einer kurzen Zeit der Überprüfung wurde dieser auch bewilligt.

Bis zum Jahr 2011 gehörte zur Grundsicherung auch ein Mietkostenanteil.

Am 14.04.2011 wurde jedoch ein Urteil vom Bundessozialgericht (BSG) gefällt.

Dieses Urteil besagt, dass die automatische Pro-Kopf-Aufteilung der Mietkosten bei behinderten Kindern, die im Haushalt der Eltern wohnen, nicht mehr erfolgt.

Auf diese Weise sollten öffentliche Gelder eingespart werden.

Die neue Rechtsprechung des BSG zwang die Eltern volljähriger Menschen mit Behinderung, die noch im Haushalt der Eltern leben, zukünftig einen Mietvertrag mit ihren Kindern abzuschließen.

Auf diese Weise würde eine wirksame Mietzinsforderung begründet.

Ging man diesen Schritt nicht, würden die Sozialämter zukünftig die Leistungen der Grundsicherung um die bis dahin gezahlten Unterkunftskosten kürzen.

Nie wollten meine Eltern eine Leistung, die ihnen oder mir nicht zustehen würde. Wenn sich das Gesetz geändert hat, dann wäre es so. Sie hatten Skrupel, das Wohngeld über den Umweg des Mietvertrages für mich zu bekommen.

So kürzte das Sozialamt meine Leistungen.

Nie wäre auch nur eine Sekunde der Gedanke bei meinen Eltern aufgekommen, mich nicht bei sich haben zu wollen.

Ein Platz für mich in einem Pflegeheim wäre nie eine Option.

Aus diesem Grund wurde der Bungalow im Jahre 2000 angemietet. Hier kann mein Rollstuhl durch alle Räume bewegt werden, ohne dass eine Treppe im Weg ist.

Ist man permanent auf den Rollstuhl angewiesen, und ist dieser Rollstuhl nicht faltbar und bequem zu verstauen, dann wird Platz ein besonderes Gut.

Wohnraum und Pkw müssen den Ansprüchen einigermaßen gerecht werden.

Mehr Platz, mehr Kosten.

Mein Krankheitsverlauf wurde als schicksalhaft und nicht als medizinisches oder hygienisches Versagen deklariert.

Daher standen nie Gelder aus irgendwelchen Ersatzleistungen zur Verfügung. Geld hätte nie etwas an meinem Zustand ändern können. Es hätte jedoch helfen können, es meiner Familie und somit auch mir etwas leichter zu machen.

Kein Schmerzensgeld für all das Durchlebte.

Der Bungalow stellt praktisch meinen privaten Heimplatz inklusive rund um die Uhr Pflege dar.

Es dauerte vier Jahre, bis zum Jahr 2015, als es meine Eltern schafften, unberechtigte Skrupel zur Seite zu schieben und so wurde ich gut sieben Jahre nach meinem 18. Geburtstag, Untermieter bei meinen Eltern.

Natürlich mit Erlaubnis unseres Vermieters.

Für den Untermietvertrag musste extra ein Ersatzbetreuer bei Gericht bestellt werden.

Meine Eltern hätten den Untermietvertrag nicht in ihrer Eigenschaft als meine Betreuer praktisch mit sich selbst abschließen können.

So viel zur Bürokratie, die aber in diesem Fall berechtigt ist.

Daraufhin übernahm das Amt wieder meine anteiligen Mietkosten, die natürlich als Mieteinnahmen von meinen Eltern versteuert werden müssen.

Alles soll und muss ja seine Richtigkeit haben.

SECHZEHN
- Die Last der Gedanken -

Wieder einmal merke ich, dass ich durch mein Leben springe wie ein junges Reh. Als wären die vergangenen fast drei Jahrzehnte wie im Flug vergangen.

So viele Lebensbereiche und Ereignisse sind durch die Jahre hindurch miteinander verknüpft und ich kann einen Bereich nicht kurz anreißen und dann wieder abbrechen lassen, weil es gerade nicht perfekt in die zeitliche Reihenfolge passt. Mein Leben unterliegt auch keiner wirklichen Reihenfolge. Die Tage schreiten voran, und jeder einzelne Tag für sich ist wichtig. Es zählt immer der Aktuelle, und es gab schon so viele.

An einigen ist nichts wirklich Wichtiges passiert, normale Tage. Es ist schön, wenn man Tage ohne sonderliche Aufregung, egal ob positive oder negative, hat.
Das sind Zeiten der Ruhe und des Kraftsammelns, denn nie weiß man, was der nächste Tag bringt.
So wie der Septembertag im Jahre 2009, als sich unser aller Leben änderte.
Jeden Abend hatte meine Mutter nach dem Tod meines Opas bei meiner Oma angerufen. Sie erkundigte sich, ob alles in Ordnung und wie ihr Tag gewesen war, dann wünschte sie ihr eine gute Nacht.
Niemand sollte ohne ein »Gute Nacht« einschlafen.

In den frühen Morgenstunden dieses Septembertages erlitt meine geliebte Oma Gitta auf dem Weg ins Bad einen schweren Schlaganfall.

Die vorherigen Anzeichen für den drohenden Apoplex wurden von meiner Oma falsch gedeutet.

Sie dachte, dass sie immer wieder Kreislaufprobleme hatte. In gewisser Weise stimmte dies auch.

Ihre Probleme kamen jedoch von einer Stenose an der Karotis Arterie. Eine wichtige Ader in ihrem Hals, die Halsschlagader, war verstopft. Ihr Gehirn wurde nach und nach zu wenig durchblutet.

An diesem Septembertag war der Geburtstag meiner Tante. Oma Gitta war nie unpünktlich, wirklich nie. Sie kam nicht zur verabredeten Zeit und ging auch nicht ans Telefon, als ihre Kinder versuchten, sie anzurufen.

Meine Eltern fuhren zu ihrer Wohnung.

Die Jalousien ihrer Fenster waren noch heruntergelassen.

Spätestens da wussten meine Eltern, dass etwas Schlimmes passiert sein musste.

Sie fanden meine Oma am Boden liegend in ihrem Wohnzimmer.

Den halben Tag hatte sie bereits dort gelegen.

Sie lebte.

Leise und seltsam verzerrt rief sie den Namen meiner Mutter: „lauuudia" hörten meine Eltern die schwache Stimme.

Der Notarzt wurde eilig gerufen und meine Oma kam in die Klinik. Auf eine Stroke-Unit, eine Spezialabteilung für Schlaganfallpatienten.

Meine Geschwister und meine Eltern durchlebten ein Hoffen und Bangen in der nächsten Woche.
Oma Gitta schwebte zwischen Leben und Tod.

Ich bemerkte nichts.

Ich hörte es meine Eltern sagen, doch ihre Worte waren nur eine Ansammlung von Klang und Melodie.
Ich spürte die Unruhe, doch wusste ich nicht, was sie zu bedeuten hatte.
Nach einer Woche war sicher, dass meine Oma überleben würde. Von heute auf morgen war aus einer agilen Oma eine schwerbehinderte Frau geworden.
Ihre ganze linke Körperhälfte blieb gelähmt.
Nach Wochen im Krankenhaus und der Reha hieß es, eine Entscheidung zu treffen.
Früher sagte meine Oma immer, sie würde ihren Kindern nie zur Last fallen wollen. Lieber würde sie im Fall des Falles in ein Heim gehen.
Nun war es keine bloße Theorie mehr.
Sie konnte nicht alleine in ihre Wohnung zurück und so boten meine Eltern ihr an, zu uns zu ziehen. Ihre blauen Augen leuchteten strahlend auf, als sie diese Worte hörte.
Nie hätte sie darum gebeten.
Sie hätte sich in ihr Schicksal gefügt und wäre in ein Heim gezogen. Doch es wäre ein Frevel gewesen, die Frau, die alles in ihrem Leben für die Familie gegeben hat, in einem Heim leben zu lassen.
Es schien, als wäre es eine unstemmbare Aufgabe. Meine Oma zog zu uns, bekam ihr Zimmer und meine Mutter übernahm auch ihre komplette Pflege.
Meine Oma, die alles für mich gegeben hätte, war nie

mehr sie selbst. Fortan ein Pflegefall zu sein, ließ ihr Lachen verschwinden.

Sie hatte immer eine rege Fantasie, doch der Schlaganfall hatte sie ihr genommen.

Ein Mensch, der immer mit viel Fantasie lebte, ist zu bedauern, wenn sie ihm gestohlen wurde. Er weiß noch, wie sie sich anfühlte, doch nun wird er sich keine bunten Tage mehr vorstellen können.

Und ich? Ich merkte nicht, dass meine Oma anders war. Ich sah ihren Rollstuhl nicht, der neben meinem stand.

Saßen wir nebeneinander, spürte ich jedoch ihre Hand auf meiner.

Mit ihrer funktionierenden Hand klingelte sie mit dem Glöckchen für mich. Sie quietschte mit dem »Mausi«, einer Gummimaus, die sie mir vor Jahren geschenkt hatte. Das Klingeln und Quietschen war in meinen Ohren gleich geblieben, die Traurigkeit meiner Oma dabei, nahm ich nicht wahr.

In dieser Zeit wurde meiner Mutter so sehr bewusst, dass ich in meiner Situation, eingebettet in meiner kleinen Welt, ein zufriedenes Leben führe.

Meine Ansprüche, sind niedrig angesetzt und leicht zu erfüllen.

Ich bekomme die Liebe, die ich brauche, Wärme, Nahrung und Schutz. Eine saubere Windel und eine Umgebung in der ich zu Hause bin.

Ich vermisse nichts, weil ich nicht über meine Anforderungen an das Leben hinaus denken kann und ein Dasein muss ein zufriedenes sein, wenn alle Ansprüche sehr gut abgedeckt sind.

Bei meiner Oma sah das alles ganz anders aus.

Sie vermisste all das, was ihr der Schlaganfall genommen hatte.

Sie weinte um das Gehen, sich frei bewegen zu können, sich alleine im Bett zu drehen und vermisste das Autofahren, ihre Selbstständigkeit.

Sie trauerte um alles, was früher ihr Leben ausmachte und so lag jeden Tag ein Schleier der Traurigkeit über ihrem Gesicht.

Oma Gitta versuchte zu kämpfen, doch für sie war es nicht zu ertragen, dass es nicht mehr in allen Bereichen voranging.

Anfänglich hatte sie eine PEG liegen, einen Schlauch, der durch die Bauchdecke in ihren Magen reichte.

Durch den Schlaganfall fehlte ihr Schluckreflex.

Sie hätte sich permanent verschluckt und so musste sie durch diesen Schlauch essen und trinken.

Durch gute logopädische Arbeit wurde es besser und sie konnte wieder Brot mit allen Leckereien essen.

Kleine, mundgerechte Häppchen wurden zu jeder Mahlzeit für sie zubereitet.

Einzig die Getränke musste sie weiterhin angedickt trinken, sonst hätte sie sich schnell daran verschluckt.

Das waren wichtige und gute Fortschritte und so konnte nach einiger Zeit der Schlauch im Krankenhaus wieder entfernt werden.

Auch aus einem anderen Grund war dies gut, denn trotz aller Sorgfalt bei der Pflege, ist das Loch in der Bauchdecke ein sehr empfindlicher Bereich, der sich schnell entzünden möchte.

Zwei Tage im Krankenhaus reichten, dass meine Oma eine im Durchmesser drei Zentimeter große Blutblase an der linken Ferse bekam.

Jemand, der in der Klinik ihren Rollstuhl schob,

merkte nicht, wie ihr gelähmtes Bein nach hinten rutschte. So kam ihre Ferse vor das Rad, das durch Reibung diese Blutblase erzeugte.

Und meine Oma spürte es nicht.

Meine Mutter war entsetzt und hat sich geärgert, dass so etwas überhaupt passieren konnte. Es dauerte Wochen, bis die Wunde zu Hause restlos verheilte.

Oma Gitta strampelte jeden Tag an einem Motomed Bewegungstrainer. Arme und Beine wurden dadurch gleichzeitig bewegt. Sie arbeitete hart an sich, doch ihr körperlicher Zustand wollte sich auf Dauer nicht wirklich bessern.

Meiner Oma reichte es nicht, nur anwesend zu sein und niemandem mehr helfen zu können. In ihren Augen war sie zu einer Last geworden, die tagtäglich nur noch Arbeit verursachte.

Diese trüben Gedanken belasteten sie sehr.

Im Mai des Jahres 2013 starb sie, dreieinhalb Jahre nach ihrem Schlaganfall, hier in ihrem Zimmer.

Sie schlief ganz ruhig ein, schlief einfach ein.

Meine Mama zündete eine Kerze an und öffnete das Fenster im Zimmer meiner Oma. Es war keine Schwere in dem Raum zu spüren, nichts Drückendes lag in der Luft.

Meine Oma war nun dort, wo sie sein wollte.

*

Solche Gedanken, eventuell eine Last zu sein, sind mir fern.

Ich bin einfach.

»Non cogito sed sum.«
»Ich denke nicht, aber ich bin.«

In Anlehnung an den Grundsatz von René Descartes.

»Cogito ergo sum.«
»Ich denke, also bin ich.«

Nun bin ich kein alter Lateiner und kann keine Garantie für die richtige lateinische Form geben, doch der Sinn sollte zu erkennen sein.
Descartes wollte einen Beweis für seine reale Existenz finden, dass nicht alles nur Einbildung oder Traum sei.

Die Fähigkeit des Menschen zweifeln zu können, gab ihm letztendlich die Klarheit darüber, dass es ein denkendes Ich gibt.
Der Moment, in dem er über sein Denken nachdenkt, beweist, dass es ihn als denkendes Wesen gibt.
Diese Gedanken wurden vor 400 Jahren geboren und beschäftigen die Menschen seitdem.
Ich hingegen kann nicht zweifeln.
Selbst das Zweifeln müsste für mich übernommen werden.
Wer möchte jedoch meine Existenz bezweifeln?

Nun Schluss mit dem kleinen philosophischen Ausflug.
Ich bin einfach. Ich bin einfach da, auch ohne viel zu denken.
In meiner Welt gibt es keinen Krieg, keinen Rassismus.
Ich kenne keine Vorurteile und Religionen spielen

für mich keine Rolle.

Genderdenken und Geschlechtereinteilung liegen mir fern.

Es gibt in mir keinen Platz für Neid oder Hass.

Ich lebe das pure Leben ohne jegliche gedankliche Verschnörkelung.

Mein Leben wird durch die mich umgebene Liebe getragen.

So ist meine Zufriedenheit zu erklären.

Vermissen, das machen einzig die anderen, ob sie es wollen oder nicht.

Diese Gedanken, »Was wäre wenn?«, sie schleichen sich auf leisen Sohlen plötzlich in die Gehirne der anderen.

Von daher ist es OK. Dafür ist in meinem Gehirn kein Raum. So ist es bei aller Tragik besser für mich.

Es ist auf eine ganz besondere Weise eine Gnade.

Ich lebe in meinem eigenen Mikrokosmos.

Ich kann all das Positive genießen, die Liebe spüren.

Trauer und jegliche vorgreifende Angst jemanden verlieren zu können, bleiben mir erspart.

Ich genieße, ohne nach außen irgendeine Art des Vermissen zu zeigen.

Wird das Mäuschen gedrückt und es quietscht, dann zeige ich Freude, egal wer es drückt.

Für mich zählt nie das Gestern, für mich zählt immer nur der Augenblick, denn dass es ein Morgen gibt, liegt außerhalb meiner Vorstellungskraft.

SIEBZEHN
- Ich gehe arbeiten -

Nun zurück zum Gang des Lebens, es geht schließlich immer weiter.

Meine Eltern überlegten, ob ich nach der Schulzeit noch in die Caritas Werkstatt gehen sollte oder nicht. Vorab dachten sie lange Zeit, wenn die Schulpflicht vorbei wäre, sollte ich auch meine Ruhe haben und zu Hause bleiben.

Ich war, nachdem meine Behinderung feststand, fast von Beginn meines Lebens an voll erwerbsunfähig. Die Werkstätten für Menschen mit Behinderung bieten jedoch auch Plätze ohne wirklichen Arbeitsauftrag.

Anders, als der Begriff Werkstatt vermuten lässt.

In der Werkstufe meiner Schule machte ich ein Praktikum in der Caritas Werkstatt und es hatte mir sehr gut gefallen.

Dort gab es in jedem Gruppenraum für die Schwerstbehinderten ein eigenes Wasserbett, zudem noch weitere bequeme Liegeplätze.

Die Räumlichkeiten waren hell und freundlich. Alles war ebenerdig und das Personal wirklich sehr nett und kompetent.

Ich fühlte mich wohl und das waren die besten Voraussetzungen, um nach der Schule doch den Schritt ins Arbeitsleben zu wagen.

So war es beschlossen.

Nach meiner Schulzeit sollte ich im Jahr 2010 zu den Caritas Werkstätten in Moers wechseln.
Erneut betrat ich eine mir bis dato unbekannte Welt. Auch in der Werkstatt waren überwiegend Menschen, meine Kollegen, mit geistiger oder auch geistiger/körperlicher Behinderung in jedweder Form.

Meine Kindheit war jetzt endgültig vorbei, auch wenn ich wie eine Zehnjährige unter Erwachsenen wirkte.
Ich war ebenfalls erwachsen.
Nun war ich Teil dieser großen Caritas Familie und auch dieses Mal, so wie bei dem ersten Besuch in der Schule, war es erneut die volle seelische Breitseite, wenn es um Behinderungen ging.
Nicht für mich selbst, ich bemerke nicht wirklich, wie jemand neben mir ist. Ich interessiere mich weder für Hautfarbe, die Religionszugehörigkeit oder das Geschlecht. Am wenigsten interessiert mich, ob jemand behindert ist oder nicht.
Ich sehe nichts und ich spüre nur den Menschen.
Ich höre seine Stimme, spüre die Ruhe oder Unruhe in ihm, und ich fühle, wie er mit mir umgeht.
Achtet man nur auf das Gefühl, ist alles andere egal.

Das habe ich mit meinem Hund Emma gleich. Mag sie einen Menschen, dann ist dieser Mensch auch nett.
Sie spürt es, und ich spüre es auch. Für meine Eltern war es auch kein Neuland, jedoch war es plötzlich die erwachsene Welt der Behinderungen.
Keine Kinder mehr, sondern Männer mit grauen Schläfen und Frauen, die älter als meine Mutter selbst waren.
Wieder einmal tief durchatmen, sich sammeln und

hinein in die Neue Welt, die sich bot.

Der Eindruck einer wuseligen Geschäftigkeit zeigte
sich jedem, der die Räumlichkeiten der Caritas Werkstatt betrat. Den meisten Mitarbeitern sah man die
Freude an, dort ein Teil vom Ganzen zu sein.

Wer es nicht kennt, muss erst einen Moment hinein-
wachsen. Wie man sich in viele neue Umgebungen hi-
neinfinden muss. Selten empfindet man an neuen Orten direkt so, als würde man zu Hause ankommen.

Jeder Besucher wird mit offenem Interesse betrachtet und angesehen, nicht versteckt. Freundliche
Neugierde, hier und da ein »Hallo« oder eine Berührung.

Geht man als Besucher in den Fluren der Caritas
Werkstatt entlang, nimmt man einen freundlichen
Umgang miteinander wahr.

*

Es gibt in der Werkstatt unterschiedliche Arbeitsbe-
reiche, Produktionsbereiche und Dienstleistungen:
Metall, Verpackung, Montage, Druckweiterverarbei-
tung, Lager, Hauswirtschaft, Landschaftspflege und
meinen Bereich, den Assistenz- und Arbeitsbereich.

Alle Mitarbeiter mit komplexen Behinderungen benö-
tigen umfangreiche Betreuung und Assistenz.

Sie werden in den Räumlichkeiten meines Arbeitsbe-
reiches angeleitet und liebevoll begleitet.

In besonderer Atmosphäre wird hier jedem Mitarbeiter ermöglicht, Teil der Arbeitswelt zu sein. Jeder in
dem ihm oft so eigenen und engen Rahmen der Möglichkeiten.

Mitarbeiter, an den Begriff mussten sich meine Eltern erst gewöhnen, dass ich in der Caritas Werkstatt eine Mitarbeiterin war.

Schmunzeln mussten sie auch ein wenig, denn meine Mitarbeit bezog sich auf die drei Bereiche:

1. Dabei sein.

Dabei sein ist wichtig. Die Geräusche, Gerüche und die andere Atmosphäre stellten mich jeden Tag vor die Herausforderung des Aushaltens.

Der Umstand, in der ungewohnten Umgebung zu sein, ist wirkliche Arbeit für mich, die mich zudem sehr stressen kann. Hinzu kommen die Hin- und Rückfahrt im kleinen Bus.

2. Wasserbett liegen.

Der beinahe schönste Teil des Arbeitstages und wohl ohne große Erklärung vorstellbar.

Ich weiß, mit einem Augenzwinkern, dass ich mit diesem Arbeitsplatz sicherlich den Neid des ein oder anderen wecke.

Ein Wasserbett am Arbeitsplatz ist traumhaft, aber es ist halt nicht jedem vergönnt.

3. Snoezelen

Snoezelen, das ist der Aufenthalt in einem kleinen Raum mit leiser Musik, angenehmer Beleuchtung und einer bequemen Lagerung.

Der perfekte Ort um richtig zu entspannen und den Stress vor der Tür zu lassen.

Es ist noch besser, als nur auf dem Wasserbett zu liegen.

*

Für meine Arbeit wurde ich auch bezahlt. Es ist eher ein Taschengeld, aber wichtiger war es, dass für mich Beiträge für die Renten- und Krankenversicherung abgeführt wurden.

Ein ganzer Arbeitstag wäre für mich jedoch zu lang gewesen, so wie zuvor schon ein ganzer Schultag zu lang war.

Mein Arzt attestierte mir, dass eine verkürzte Arbeitszeit anzuraten wäre.

Ich war nicht belastbar genug.

Montag bis Freitag war ich von 8:00 Uhr bis 14:00 in der Werkstatt. Pausen mit eingerechnet. Hinzu kam die Busfahrt am Morgen und am frühen Nachmittag.

Die leichtesten Tätigkeiten in der Werkstatt sind z. B.: Henkel an Plastikeimern befestigen, Kerzen herstellen oder Briefmarken ausschneiden.

Wer absolut nicht in der Lage ist, irgendetwas in dieser Richtung zu bewerkstelligen, ist Mitarbeiter in meinem Bereich.

Vom Leben und Betrieb außerhalb meiner Gruppe habe ich nicht wirklich viel mitbekommen. Demnach kann meine Mutter hier nicht viel dazu niederschreiben.

Es gibt sehr gute Holzarbeiten, Vogelhäuschen und noch viel mehr, die in den Räumlichkeiten der Caritas Werkstatt hergestellt werden. Dies war für mich jedoch eine fremde Welt.

Von daher beschränken sich meine Erfahrungen auf den Assistenzbereich.

Allen Mitarbeitern dort, die unter anderem auch für meine Betreuung zuständig waren, kann ich nur ein super Zeugnis ausstellen.

Liebevoll, kompetent und engagiert, und mit dem Blick für den Einzelnen. Interessiert wenn es um den Menschen und seine Eigenarten geht.

Wenn ich zurückblicke, war es bereits im Kindergarten und in der Schule so.

Die Menschen, die sich den Job ausgesucht haben und mit behinderten Menschen arbeiten, waren immer mit dem Herzen dabei.

Auf den Fluren der Caritas traf ich auch auf ehemalige Mitschüler.

Sie waren körperlich und geistig fitter als ich und demnach in den produktiven Bereichen beheimatet.

Wenn ich zu meinen Gruppenräumen musste, und dabei die langen Flure der Caritas durchquerte, traf ich so manches Mal auf den ein oder anderen.

Ein fröhliches »Lisa, da ist Lisa« drang an mein Ohr und es fühlte sich gut an, vertraute Stimmen in der neuen Umgebung zu hören.

Um den Betreuern den Umgang mit mir zu erleichtern und es ihnen im gewissen Maße möglich zu machen, mich anhand meines Verhaltens etwas zu lesen, hat meine Mutter einen kleinen Merkzettel erstellt.

Auf ihm waren die Hinweise auf einen großen Krampf und die zu versuchenden Gegenmaßnahmen aufgelistet.

Nicht jeder, der unter Krampfanfällen leidet, krampft

auf die gleiche Art und Weise.

Oft sind epileptische Anfälle aus Filmen bekannt. Dort zappeln die Menschen wild auf dem Boden liegend hin und her. Sie beißen sich eventuell auf die Zunge und haben fast Schaum vor dem Mund.

So verlaufen meine Krämpfe nie.

Ich bin nicht mehr so beweglich, um nach außen explodieren zu können.

Ich implodiere eher.

Ich bin mehr bei mir, in mir verkrampfter.

Mein Mund öffnet sich meistens, als würde er sich zu einem kleinen Trichter formen.

Meine angespannten Lippen beben, während ein lang gezogenes »Huuuuuuh« zu hören ist.

Ich wende meinen Kopf zur Seite und die Augen reiße ich beim Krampfen weit auf. Ihr Ausdruck verrät annähernd, was sich in diesem Moment in meinem Innern abspielt.

Meine Handinnenflächen werden rot und schweißnass.

Nichts belastet mich so sehr, wie es die großen Krämpfe machen.

Ein permanentes Schmatzen bedeutet häufig, dass es sich um einen kleinen Krampf handelt. Das ist nicht weiter schlimm und kann oft sehr leicht unterbrochen werden. Es handelt sich um psychomotorisches Schmatzen, das sich in einer Dauerschleife fängt.

Durch manche der aufgeführten Gegenmaßnahmen lässt sich das Schmatzen jedoch beeinflussen.

Manchmal bin ich innerlich abwesend.
Eine Abwesenheit, die sich auch äußerlich zeigt.
Meine Augen wandern in unterschiedliche Richtungen, ich reagiere kaum auf leise Ansprache. Dann ist es hilfreich, mich bewusst kurz zu erschrecken.
Es klingt nicht sehr freundlich, ist aber ein geeigneter Weg, mich wieder aus meiner inneren Starre zu befreien. Einmal kurz in die Hände geklatscht und ein innerer Ruck durchfährt mich. Meine Augen bewegen sich wieder gleichmäßig, meine Anspannung legt sich.

Hier folgt nun die Abschrift des Hinweiszettels.
In der Werkstatt wurde er laminiert und war immer in meiner, am Rollstuhl hängenden Tasche, zu finden.

Große Krämpfe bei Lisa

- rote Wangen
- angespannter Gesichtsausdruck
- schweißnasse Hände
- abwesender Gesichtsausdruck
- keine Reaktion auf »quietschende Geräusche«
- keine Reaktion auf »rasselnde Geräusche«
- oft starkes Verdrehen des Kopfes und des Oberkörpers
- manchmal schreit sie dabei, klingt wie ein »Juchzen«
- wenn man sie anpustet, dann atmet sie hörbar durch den Mund ein

Gegenmaßnahmen

- anpusten
- beruhigend auf sie einreden
- Quietschen oder Rasseln
- mit einer Lampe in die Augen leuchten
  oder {(beides Reizunterbrechung)}
- die Augen mit der Hand abdecken
- leicht auf den Unterarm klopfen
- leicht auf den Brust- Schulterbereich klopfen

»»»einfach alle Maßnahmen durchprobieren«««

»»»am Ende des Krampfes oft ein erleichterndes
Juchzen.«««

Es gibt nie eine Garantie, dass etwas davon wirkt.
Manchmal kann der Krampf jedoch tatsächlich durchbrochen oder verkürzt werden.

Nach einem solchen Krampf bin ich erledigt.
    Völlig erschöpft und müde.
Mit den Jahren brauchte ich mehr Ruhe, nachdem ich
krampfte. Ich werde auch nicht jünger.

Jetzt scheint der Zeitpunkt gekommen zu sein, dass
sich meine Caritas Zugehörigkeit dem Ende neigt.
Meine Mutter schickte mich nur noch an den Tagen,
an denen ich relativ fit war, zur Arbeit. Selbst an diesen Tagen war es mir oft in den Gruppenräumen zu
laut. Ich weinte häufiger und verbrachte viel Zeit im
Snoezelen Raum.

Abseits der anderen.

An Tagen, an denen ich schon zu Hause nicht gut zurecht war, ging ich gar nicht mehr arbeiten. Es hätte niemandem etwas gebracht.

Mir am wenigsten.

Mein Biorhythmus änderte sich mit der Zeit. Um 7:15 Uhr wurde ich mit dem Rollstuhlbus abgeholt. Oft war es mir nicht möglich, früh zu essen. Ich war zu müde, öffnete den Mund nicht und konnte ohne Frühstück auch kein Ergenyl bekommen.

Da mir in der Caritas das Essen schwer angereicht werden konnte, ich machte nicht immer gut mit, blieb ich an solchen Tagen zu Hause.

Irgendwann fragte sich meine Mutter nach dem Sinn des Ganzen. Was ich noch davon hätte?

Alles um mich herum wurde viel zu krampfhaft.

Unter Druck funktioniert bei mir erst recht nichts. Klappte es morgens gut, verbrachte ich die Zeit in der Caritas vermehrt abseits der anderen im Snoezelraum.

Eine seltsame Spirale begann, die, je länger meine Eltern darüber nachdachten, immer unsinniger erschien.

Zu Hause habe ich genug Ruhe.

Hier kann ich so lange schlafen, bis ich von alleine wach werde, denn die Nächte sind nicht immer nur ruhig.

Manchmal schlafe ich daher bis 9:00 Uhr oder sogar 10:00 Uhr und niemanden stört es. Danach starte ich ganz langsam aber entspannt in den Tag.

Ich habe Zeit mit dem Essen. Ich muss selten zu einem genauen Punkt-X fertig sein.

Alles kann flexibel geschoben und somit meinen individuellen Bedürfnissen angepasst werden.
Bin ich wegen des Wetters angespannt und verweigere dadurch das Essen, wird etwas später neu gestartet. In der Zwischenzeit höre ich Radio oder der Fernseher läuft. Ich mag es nicht, wenn es zu ruhig ist.

Warum sollte ich mich weiterhin irgendeinem künstlich erzeugten Stress unterwerfen?
Wohin sollte das alles noch führen?
Mir war es sicherlich nicht mehr dienlich.

Er macht mich nur krank!

Musste ich etwas beweisen?
Wem muss ich etwas beweisen?

Niemandem!

Ich glaube, dass die Zeit gekommen ist, dass ich ohne Reue und mich rechtfertigen zu müssen, zu Hause bleiben darf.

ACHTZEHN
- Das Ende der Pflicht -

Es kam die Idee auf, dass ich die Erwerbsminderungsrente beantragen könnte. Meine Mutter in ihrer Eigenschaft als meine Betreuerin, müsste dies für mich
machen.
Erst war es nur eine gedankliche Spielerei.
Auf meinem Renteninformationsschreiben stand immer ein Wert X, der mir als Erwerbsminderungsrente
zustehen würde. Rente hörte sich besser als Grundsicherung an. Über dem Ganzen wäre ein staatliches
Dach.
Es gab ein erstes informatives Telefonat mit der Rentenkasse. Für Anfang März 2019 wurde dabei ein Termin bei der zuständigen Beratungsstelle ausgemacht.
Meine Mutter und ich fuhren gemeinsam zur Renten-
beratungsstelle hier in Moers. Da der Termin einer
der ersten am Tag war, mussten wir sehr früh dort
sein und schafften es noch vor Öffnung der Räumlichkeiten einzutreffen.
Wenigstens zehn andere frühe Würmer standen mit
uns vor noch geschlossenen Türen im Innenbereich
des Gebäudes.
War es die ungewohnte Umgebung oder der morgend-
liche Rhythmuswechsel? Ich begrüßte die versammel-
te Menschengruppe mit einem nicht vorhersehbaren
Krampf.
In solchen Momenten wünschte sich meine Mutter
manchmal, dass es einfach nur flutscht. Ohne Krampf,
ohne viel Anstrengung.

Einen Termin einfach hinter uns bringen. Ungewollte Aufmerksamkeit ist etwas, dass sie im Laufe meines Lebens genug bekommen hat. Darauf konnte sie gut verzichten. Durch den Krampf schrie ich jedoch die Aufmerksamkeit aller Anwesenden kurz herbei.

*

Im Vorfeld erhielten meine Eltern eine Liste mit Unterlagen, die mitzubringen wären. Unter anderem mein Personalausweis. Ein kurzer Blick auf den Ausweis brachte die Erkenntnis, dass er schon vor drei Jahren abgelaufen war. Ups!
Die Stadt Moers bietet die Möglichkeit an, einmal in der Woche hier im Vorort die Bürgerberatung aufsuchen zu können. Das erspart den Weg in die Innenstadt.

Ein Anruf im Rathaus und wir bekamen einen Termin bei der Bürgerberatung um meinen Ausweis neu ausstellen zu lassen.
Es war genau Altweiber, als wir die Amtsstube aufsuchten und uns ein netter kleiner Teufel gegenüber saß und alle nötigen Angaben zu meiner Person überprüfte.
Neue Passbilder wurden dafür zuvor in der Innenstadt gemacht. Nicht besonders schöne, aber so passe ich in die Riege der meisten Menschen, die mit ihrem Bild im Personalausweis nicht zufrieden sind.
Manchmal unterscheidet mich nicht so viel von anderen, die gleichen Probleme. Obwohl, genau genommen gefielen die Bilder eher meiner Mutter nicht.
Ich kann sie ohnehin nicht sehen.

*

Einer der wenigen Vorteile, den man durch eine außergewöhnliche Gehbehinderung hat, ist der Behin-
dertenparkausweis.
Dieser blaue Schein sicherte uns einen großen, breiten
Parkplatz in der Nähe des Fotostudios, in dem die Bilder gemacht wurden.

Und nun ganz ehrlich, es gibt viele Menschen, die neidisch auf diese Plätze sind.
Menschen, die mit einem grimmigen Gesichtsausdruck an freien Parkplätzen mit dem Rollstuhlsymbol
vorbeifahren oder sich nicht zu selten auch dreist mit
ihrem Pkw daraufstellen. Einzig Geldstrafen hindern
viele daran, dort zu parken.
Es ist nicht so, als könnte man manchmal den Ärger
über zu wenig Stellplätze direkt vor der Eingangstüre
des Geschäftes der Wahl nicht verstehen. Zentrale
Parkplätze sind Luxus, einen davon zu ergattern bereitet den Menschen ein besonderes Glücksgefühl.

Dabei sollten sie einfach glücklich darüber sein, 100,
200 oder sogar 300 Meter auf ihren eigenen Beinen zusätzlich zurücklegen zu können, zu müssen. Jeder Meter mehr ist besser, als nur einen Tag bewegungslos
an den Rollstuhl gefesselt leben zu müssen.
    Das würde ihnen sicherlich noch mehr die Nerven
rauben, als die lästige Parkplatzsuche.
Oft fehlt es an der nötigen Demut in der Sache, im
weiteren Denken.
Zu oft wird nur das eigene, so unwichtige Problem des
nicht so schnell aufzufindenden Parkplatzes gesehen.

Der Sinn und Zweck der Autostellplätze mit dem Rollstuhlsymbol wird vergessen.

Zu vordergründig werden dann nur die so plakativ dargestellten »Vorteile« einer schweren Behinderung gesehen.

Niemand bekommt jedoch die blaue Parkscheibe in einer Wundertüte als Überraschung geschenkt. Jeder, der sie besitzt, bezahlt sehr teuer mit seiner Gesundheit dafür.

Oft, sehr oft wird vergessen, wie leicht und gut sich ein funktionierender Körper anfühlt. Ohne, dass er muckt, oder nur ansatzweise schwächelt.

Den Blick über den eigenen Tellerrand zu richten, ist nicht wirklich schwer. Es würde jedoch von der eigenen Person ablenken. Zudem wäre man gezwungen, sich gedanklich mit anderen Menschen zu beschäftigen.

Das jedoch liegt nicht jedem.

Es ist eine Art Neid auf die Vorteile, die einer Bevölkerungsgruppe gewährt werden.

Nur zu gerne hätte man diese auch. Natürlich nur die Vorteile und nicht die damit verbundenen Nachteile.

Über verworrene Wege bin ich jetzt bei den Parkberechtigungen gelandet. Immer wieder komme ich von Hölzchen auf Stöckchen, aber so ist das Leben.

Ein einziger Fluss.

Ich war bei meinem Krampf im Vorraum der Rentenkasse stehen geblieben.

Solch ein Krampf ist super. Sofort hat man wieder die geballte Aufmerksamkeit. Ob man sie möchte oder nicht, denn was für meine Mutter so normal ist, erzeugt in den Gesichtern der Umstehenden ein

Fragezeichen nach dem anderen.

Der einfache Wunsch meiner Mama ist es, ein simpler Teil der Menge zu werden.

Wie die unterschiedlichen Blautöne in einem Aquarell einen gemeinsamen Himmel ergeben. Ohne direkten Fixpunkt, der gezielt angeschaut wird. Dieser unausgesprochene Wunsch ist regelrecht greifbar.

Ich hingegen werde immer angeschaut wie der kleine Sonnenstrahl, der durch die dichten Wolken bricht.

Es ist unmöglich, durch das Eintauchen in die Menge positiv unsichtbar zu werden.

Für mich sind diese Blicke nicht schlimm, absolut nicht, da ich sie nicht wahrnehme.

Zudem ist interessierte Neugierde dabei, und Neugierde ist immer gut.

So wie auch Besucher der Caritas Werkstätten beim Durchschreiten der Flure von meinen Kollegen angeschaut werden, neugierig.

Der Unterschied ist, wenn ich angeschaut werde, schwingt so oft Mitleid in den Blicken mit. Anders bei meinen Kollegen. Sie schauen nur neugierig aber ohne jegliches Mitleid oder Entsetzen im Blick.

Diese Blicke nicht wahrzunehmen, sie nicht auf sich wirken zu lassen, ist für meine Mutter sehr schwer. Sie schmerzen sie.

Neugierde, offene Fragen, alles ist gut und erlaubt.

Mitleid ist etwas, dass meine Mutter, meine Eltern, nie wollten. Nie für mich und auch nie für sich selbst.

Der Schlüssel dazu ist sicher die Tatsache, dass ein Leben, das man selbst als bemitleidenswert empfinden würde, nicht zu leben wäre.

Von daher ist es wichtig, sich frei von solchen Gedanken zu machen oder sie erst nicht aufkommen zu lassen.

In den Blicken zeigen sie sich, diese Gedanken, die man sich selbst verbietet, weil sie zu 98 Prozent nicht zutreffen. Diese zwei kleinen Prozent sind die manchmal von meinen Eltern leise geweinten Tränen der Sehnsucht.

Tränen, die Zeugnis für das Vermissen des Kindes sind, zu dem ich ohne die anfänglich so schwere Krankheit geworden wäre.

Abzustreiten, dass sich meine Eltern manchmal vorgestellt haben, wie ihr Leben mit mir verlaufen wäre, wenn ich mich nicht in der Klinik infiziert hätte, wäre unsinnig.

Es sich nicht manchmal vorgestellt zu haben wäre wohl irrealer.

*

Das Vermissen lebt in den Köpfen derer, die mich sehen.

Die reale Lisa ist hier.

Um das nicht behinderte Kind in mir zu vermissen, dazu gibt es zu wenig abgespeicherte Bilder von der kurzen Zeit, die ich ohne Behinderung lebte.

Nachts, im Traum meiner Mutter, ging ich schon neben ihr spazieren, redete mit ihr.

Am nächsten Morgen war es seltsam, als sie es mir erzählte.

Nun waren Bilder in der Erinnerung meiner Mutter vorhanden, die sie traurig und glücklich zugleich machten.

Erinnern, an Stimmen, Gerüche oder die Art, wie ich

von jemanden berührt wurde.

Dieses Erinnern gibt es bei mir.

Es lebt in dem Moment auf, in dem ich Bekanntes höre, rieche oder spüre.

Jedoch gibt es kein Denken darüber hinaus.

Ich habe keine Vorstellung, wie sich ein Leben ohne Behinderung anfühlen würde.

Ich mache keine Pläne.

Auch bin ich nicht die, die Träume von einer anderen Realität hat.

Die Träume gibt es immer nur bei anderen.

Sie haben eine Vorstellung der Zukunft im Kopf. Sie sehen Wege, die andere in meinem Alter gegangen sind.

Vergleichen, was nicht zu vergleichen ist.

Eine liebe Freundin erzählte meiner Mama von einem Waldspaziergang mit ihrer kleinen Enkeltochter.

Das Mädchen hüpfte mit Begeisterung durch eine Pfütze.

In diesem Moment dachte die junge Omi an mich. Dass ich nie durch eine Pfütze würde springen können, nie diese Freude dabei erfahren würde. Sie fing an zu weinen, während sie ihr Enkelkind betrachtete.

Es war das Bedauern meiner Situation und gleichzeitig das überquellende Glück, diesen Moment mit ihrem kleinen Mädchen verbringen zu können.

Meine Mutter tröstete sie ein wenig.

Sie sagte ihr, dass ich keine Pfützen kennen würde und auch das Verlangen durch sie zu hüpfen, nicht bei mir vorhanden ist.

Dies ist die Art von Vermissen, wie sie im Kopf der

anderen ist.

Die Vorstellung, so wie ich, immer an einem Punkt im Leben zu verharren, scheint unvorstellbar.

Nicht Getrieben zu sein. Keinen Wünschen hinterherhecheln. Keine ungestillten Bedürfnisse zu haben.

Es ist wichtig, den Blick von meinem realen Alter zu nehmen, denn sieht man nur den Stand meiner Entwicklung, besonders die geistige, dann kann ansatzweise geurteilt werden.

Ich unterliege keinem Leistungsdruck, an mich werden kaum Anforderungen gestellt.

Wie viele Seelen leiden unter den hohen Ansprüchen, die Tag für Tag an sie gerichtet werden?

Wie viele Menschen sehnen sich nach mehr Zeiten der Ruhe?

Mir wird sie geschenkt.

In Zeiten, in denen der Stress viele dominiert, wird er von mir ferngehalten.

Ich muss nichts beweisen, ich darf einfach leben. Ich will leben.

Schon sehr früh sagte ein Arzt zu meinen Eltern, dass ich nicht überlebt hätte, wäre ich als Junge auf die Welt gekommen.

Ich weiß nicht, worauf solch eine Feststellung fußt, vielleicht sprach er aus Erfahrung.

Etwas in mir wollte leben, nahm den Kampf auf, wollte erfahren, wie sich das Leben anfühlt.

Ich erlebe mein Dasein sicherlich anders, als es die meisten Menschen machen.

Mitteilen kann ich mich nur begrenzt und nicht viele sind in der Lage, die Feinheiten meiner

Kommunikation richtig einzuordnen.

Dazu bedarf es Zeit, oft sehr viel Zeit, besonders, da es keine vorgefertigten Erklärungen gibt.

Eine bislang unbekannte, eigene Sprache, für die das Übersetzungsbüchlein erst noch geschrieben werden musste. Hier zu Hause ist es sorgsam aufgezeichnet worden, über Monate und Jahre. Abgespeichert in der Erinnerung und jetzt teilweise hier zu lesen.

Wer hat heute schon viel Zeit, und jeder, der beruflich mit Pflege und Behinderung zu tun hat, wird den Faktor Zeit sicher als Mangelware erkennen.

*

Jeder hat sein Leben, es gilt es anzunehmen oder du gehst daran zugrunde.

Einen Leitspruch, wenn man ihn denn so nennen kann, ein Motto hat meine Mutter immer: »Solange du Menschen kennst oder siehst, mit denen du nicht tauschen möchtest, geht es dir gut!«

Und ja, es gibt viele Menschen, mit denen sie nicht tauschen möchte.

Auf der anderen Seite gibt es aber auch niemanden, mit dem sie gerne tauschen würde.

*

Jetzt aber wieder zurück zur Beantragung meiner Rente.

Die Dame, die meinen Antrag bei der Knappschaft bearbeitete, war sehr nett und freundlich. Meine Mutter nahm mich aus dem Rollstuhl und setzte mich auf ihren Schoß. Auf diese Weise war es für mich leichter in der fremden Umgebung.

Ich blieb ruhig und lauschte dem Gespräch, hörte Daten, die mir nichts sagten, und ahnte nicht, dass es ein Stück weit um meine Zukunft ging.

Am Ende nannte die Sachbearbeiterin einen Betrag X, den ihre vorläufigen Berechnungen ergeben hatten. Meine zukünftige Rente.

Alles wäre geklärt, so dachte es meine Mutter, als wir die Räumlichkeiten der Knappschaft verließen. Weder zuvor am Telefon noch bei dem direkten Gespräch wurden irgendwelche zu erwartende Fallstricke erwähnt, doch das Gesetz jedoch hielt noch einige Überraschungen für uns parat.

Seit Anfang Februar war ich ununterbrochen krankgeschrieben, es reichten keine Wochen, bis ich wieder stabil genug sein würde. Ohne zu weit vorzugreifen kann ich sagen, dass ich durchgehend fast bis zum Jahresende nicht arbeitsfähig gewesen bin.

NEUNZEHN
- Bürokratie -

Meinem Antrag auf Erwerbsminderungsrente konnte nicht entsprochen werden!
Der grün/orange Ausweis für Schwerbehinderung zeigt mein Geburtsdatum als Tag der Gültigkeit des Ausweises.
Es war 1990 nicht mehr genau nachzuvollziehen, ab welchem Tag ich behindert war, so wurde mein Geburtsdatum eingetragen.
Dies nur als Erklärung dafür, dass das Amt den 07.07.1990 als Ursprungstag sämtlicher Gedankengänge ansetzt.
Die Menschen, die meinen Rentenantrag bearbeiten, können sich nur an geltendes Recht halten.
Sie können nur nach vorhandenen Gesetzen und Paragrafen urteilen.

Um keinerlei Sachverhalt hier verdreht darzustellen, folgt nun die teilweise Abschrift der Begründung der Ablehnung:

Begründung
Wir haben festgestellt, dass Sie seit dem 07.07.1990 dauerhaft voll erwerbsgemindert sind.
Eine Rente wegen Erwerbsminderung können Sie jedoch nur erhalten, wenn weitere Voraussetzungen vorliegen. Unter anderem müssen Sie eine bestimmte Mindestversicherungszeit zurückgelegt haben.

Diese „allgemeine Wartezeit" beträgt 60 Monate. Sie muss erfüllt sein, bevor die Erwerbsminderung eingetreten ist (§43 Absatz 1 Nr.3 und Absatz 2 Nr.3, § 50 Absatz 1 Nr.2 Sechstes Buch Sozialgesetzbuch – SGB VI)
(..........)
Wir haben geprüft, ob Sie die allgemeine Wartezeit erfüllen. Ihr Versicherungskonto enthält bis zum 07.07.1990 jedoch keinen Wartezeitmonat. Das reicht für den Anspruch auf eine Rente wegen Erwerbsminderung nicht aus.
Weil Sie bereits voll erwerbsgemindert waren, bevor Sie die allgemeine Wartezeit erfüllt hatten, haben Sie noch eine weitere Möglichkeit, den Anspruch auf eine Rente wegen Erwerbsminderung zu erwerben. Dafür müssen sie eine Wartezeit von 240 Monaten zurückgelegt haben (§43 Absatz 6 in Verbindung mit §50 Absatz 2 SGB VI).
(.............)
Auch diese Möglichkeit haben wir für Sie geprüft.
Ihr Versicherungskonto enthält bis zum 14.05.2019 statt der erforderlichen 240 jedoch nur 103 Wartezeitmonate. Bis Sie die Wartezeit von 240 Monaten erfüllt haben, fehlen Ihnen noch 137 Monate. Dann sollten Sie erneut einen Antrag auf Rente wegen Erwerbsminderung stellen.

*

Sagte ich schon an anderer Stelle, dass Bürokratie teilweise nur nervig, lästig und ärgerlich ist?
Manchmal auch gefühlt unlogisch, wenigstens aus der Sicht eines Otto Normalmenschen?
Gesetz ist Gesetz.
Meine Mutter hat diesem Bescheid dennoch für mich widersprochen.
Wenigstens den Versuch wagen.

Es nicht später bereuen und sich immer fragen, ob es nicht doch möglich gewesen wäre.

Bei einem Telefonat mit der Rentenkasse wurde gesagt, dass der Computer, das System, ja nicht erkennen konnte, dass ich schon so lange behindert bin. Von daher ging auch die Renteninformation mit der mir zustehenden Erwerbsminderungsrente an mich raus. Computer wissen anscheinend doch nicht alles.

Es macht traurig, dass mir meine Behinderung seit meinen ersten Lebensmonaten, den Zutritt zur Rente verwehrt.

Deute ich den Begründungstext richtig, hätte ich die Wartezeit von 60 Monaten absolviert, wenn ich z. B. erst mit 23 Jahren schwerstbehindert geworden wäre und vorher wenigstens 60 Monate arbeiten gegangen wäre.

Keine unrealistische Vorstellung.

Nun werde ich dafür »bestraft«, dass ich nicht 23 gesunde Jahre hatte?

Weil ich keine Zeit der Nichtbehinderung vorweisen kann, habe ich kein Anrecht auf die Erwerbsminderungsrente?

Dies alles erscheint ungerecht und undurchdacht.

Ich kann doch nichts dafür, was damals mit mir geschehen ist, und wäre sicherlich mit einem Leben ohne Behinderung nicht gerade bestraft gewesen.

Doch nun heißt es, ich habe keine Wartezeiten vor 1990 aufzuweisen.

Das liest sich irgendwie absurd.

Für mich wurden Beiträge zur Rentenversicherung gezahlt. Meine Renteninformation zeigte eindeutig einen Wert.

Ich habe 103 Wartemonate wo 60 vorausgesetzt werden, doch leider war ich fast immer in meinem Leben behindert.

Das ist die Begründung.

Dann gelten andere Voraussetzungen, 60 Monate Wartezeit gelten leider nur für andere. Inklusion?

Für mich wird die vierfache Wartezeit angesetzt. Eine Wartezeit, deren Ende ich wahrscheinlich nicht erleben werde.

Auch wenn man das Kämpfen leid ist, wir warten die Antwort auf den Widerspruch ab.

Wieder einmal ein unbekanntes Gebiet, auf dem sich meine Eltern bewegen müssen.

Bürokratie und ihre Auswirkungen.

*

Lange Zeit wurde hin und her überlegt, ob ich irgendwann wieder den Weg in die Caritas antreten würde.

Es ist für Eltern nicht leicht, komplett über das Leben ihres Kindes entscheiden zu müssen. Es ist sicher nicht einfach, dabei alles richtig zu machen.

Meine Eltern trauen sich, ihrem Bauchgefühl zu folgen.

Wie oft haben mich die Blicke meiner Mutter getroffen, als sie überlegte, wie es mit der Caritas weitergehen sollte.

Vereinzelt wurde sie gefragt, was denn mit ihr selbst wäre, wenn ich den ganzen Tag zu Hause sein würde. Sie konnte diese Frage nachvollziehen, doch sagte sie mir, dass es bei der Entscheidung, die Caritas betreffend nicht um sie gehen würde. Es geht darum, dass es mir gut geht.

Ihr Bauch sagte meiner Mutter, dass es besser für mich sei, wenn ich zu Hause bleiben dürfte.

Sie spürt, wie es mir geht.

Könnte ich selbst Worte formen, würde ich sagen, sie kann ihrem Bauch weiterhin vertrauen.

Ich kann nicht weitere 137 Monate in die Caritas gehen, oder fahren.

Ich kann nicht mehr.

Ich bin an einem Punkt angekommen, an dem ich es nicht länger schaffe.

Die letzten Wochen, die ich in den Räumlichkeiten der Werkstatt war, habe ich sehr viel geweint. Es war mir dort zu voll, zu laut und zu unruhig.

Zu viel Unruhe vertrage ich nicht mehr.

Nur noch im Snoezelen-Raum zu sein, um meine Ruhe zu haben, kann nicht erfüllender Sinn und Zweck sein.

Für den Job in der Caritas war ich zu Beginn meiner Beschäftigungszeit geeignet. Die an mich gestellten Anforderungen konnte ich erfüllen.

Jetzt geht es nicht mehr.

Aus diesem Grund wurde der Antrag auf die Erwerbs-minderungsrente gestellt. Nun machen mir bei dieser Rente die Wartezeiten einen Strich durch die Rechnung und ich bleibe ein Sozialfall mit Grundsicherung.

Die Überlegungen über meinen Verbleib in der Werk-statt wurden unterbrochen, als ein Brief der Caritas kam.

Der zuständige Leistungsträger hatte entschieden,

dass meine Rehabilitationsmaßnahme, welch ein Wort für mein bisheriges Arbeitsverhältnis, zum 05.08.2019 beendet wird.

Der Grund ist meine Langzeiterkrankung.

Wer länger als ein halbes Jahr krankgeschrieben ist, wird ausgegliedert.

Ich hörte, dass es in der freien Wirtschaft nicht so gemacht wird. 18 Monate hat man dort Anrecht auf Krankengeld.

Freundlicherweise wird mir jedoch eine Wiederaufnahme in Aussicht gestellt, falls sich meine Gesundheit stabilisieren würde. Wenn das keine guten Perspektiven sind.

Spätestens nach der Ausgliederung ist dieses Thema jedoch abgeschlossen.

Ich bin auf dem richtigen Weg, wieder eine ganz stabile Tagesverfassung zu haben. Bis hierher hat es gedauert, doch es geht mir gut. Zu gut, als dass ich mich durch unnötigen Stress wieder schwächen lasse.

Es dauerte bis weit in den November hinein, bis eine Antwort auf den Widerspruch per Post kam.

Dem Widerspruch wurde widersprochen, er wurde abgelehnt.

Mit der gleichen Begründung, mit der der Antrag auf Erwerbsminderungsrente schon zurückgewiesen wurde.

Die Möglichkeit auf eine Klage dagegen, die innerhalb von vier Wochen einzureichen wäre, wurde noch eingeräumt.

Meine Eltern überlegten und nach einer Woche beschlossen sie, die Möglichkeit zu einer Klage beim Anwalt überprüfen zu lassen.

Bei Gericht beantragte meine Mutter, in ihrer Eigenschaft als meine Betreuerin, einen Berechtigungsschein für die Überprüfung der Möglichkeit auf eine Klage.

Dieses Formular bekam sie anstandslos für mich.

Eine Anwältin für Sozialrecht wurde gefunden, ein Termin ausgemacht und einige Tage später fand das Beratungsgespräch statt.

Solch einen Fall, solch ein Anliegen, hatte sie auch noch nicht, sagte die Anwältin frei heraus. Sie müsse es in Ruhe überprüfen und sich einlesen.

Das tat sie auch und meldete sich einige Tage später telefonisch.

Die Anwältin hatte alles überprüft, nach Wegen gesucht, doch am Ende konnte sie nur mit dem Schreiben der Rentenkasse d'accord gehen.

Mehr gibt das Gesetz nicht her.

Gefühltes Recht und reales Recht zu haben sind oft zwei Paar Schuhe. Vielleicht ist es an der Zeit, dass dieses Gesetz nachgebessert wird, denn länger, als bis zu dem Punkt arbeiten zu gehen, an dem man wirklich nicht mehr kann, kann doch niemandem zugemutet werden, oder?

ZWANZIG
- XY - Jahre, Vermischtes und CBD Öl -

Diese berühmte Frage: Wo sehen Sie sich in XY Jahren?
Ja, wie soll so eine Frage beantwortet werden?
Es kommt darauf an, an welchem Punkt des Lebens jemand solch eine Frage gestellt bekommt.
Am Anfang meines Lebens, also wirklich in den ersten Tagen hätte die Antwort sicherlich: Kindergarten, Schule und irgendwann Arbeit gelautet. Begleitet von Familie, Freunden, einem festen Freund.
Oder ich wäre ganz eigene Wege gegangen, abseits des Gängigen. Wäre eine kleine Revoluzzerin geworden. Wer weiß das schon.
Schlussendlich ist niemand in der Position, diese Frage wirklich wahrheitsgemäß zu beantworten, ohne dabei in Träumerei zu verfallen.

Jedes gewünschte „In XY Jahren" ist irgendwelchen Träumereien geschuldet ohne, dass das reale Leben mit seinen realen Querschüssen mit einbezogen wird.
Wer könnte das auch schon?
Niemand kann wirklich in die Zukunft blicken.
Jeder kann Wünsche und Träume an das Morgen richten, doch die Realität hat manchmal ganz anderes mit einem vor.
Das bedeutet nicht, dass es jeweils schlimmer als geträumt wird. Bei manch einem verläuft das Leben traumhafter als gehofft.
Normalität. Bei jedem, dem das Schicksal das ein oder andere negative Schnippchen geschlagen hat, ist wohl

gelebte Normalität ein Punkt auf der Wunschliste des Lebens.

Erst wenn etwas irgendwie aus dem Ruder läuft, den gesetzten Kurs verlassen lässt, dann wünscht man sich sehnlich den Normalzustand herbei.

Normalität mit all ihren Facetten und Möglichkeiten. Vielfach werden vorhandene Chancen im Alltag übersehen. So, wie gesunde Beine oft keinerlei Beachtung bekommen.

Gesunde Beine, die nicht einfach irgendwo unter dem Bauch und Po befestigt sind, sondern funktionierende Beine, die sehr viel können.

Stehen.

Schlichtes Stehen und den ganzen Körper halten.

Es muss ein erhabenes Gefühl sein, einfach und alleine nur auf seinen Beinen stehen zu können.

Ohne Hilfe.

Aufrecht.

Der nächste Schritt ist ein Schritt. Zwei Schritte und es folgen ganz viele.

Die Beine tragen die Menschen durch die Straßen der Stadt, als wäre es das Normalste auf der Welt. Jeder der es kann, geht, läuft oder hüpft jeden Tag durch die Gegend und macht sich zu selten bewusst, welches Geschenk es ist, einfach gehen zu können.

Laufen, Springen, Hüpfen. Es ist für den, der es kann, so normal und wird kaum mehr wahrgenommen.

Doch wehe, man hat sich den Fuß umgeknickt oder ein Bein gebrochen.

In dem Moment bekommt man eine Ahnung davon, was es bedeutet, wenn es nicht selbstverständlich ist, gut funktionierende Beine zu haben.

Das Bewusstsein darüber verschwindet jedoch oft genau so schnell, wie es gekommen ist.

Man nimmt seinen Körper wieder in Besitz, ohne weiter über ihn nachzudenken.

Es ist gut, nicht jeden Tag über seinen Körper nachzudenken, doch ab und an sollte es sein.

Ein kurzes Dankeschön an seinen Körper und eine kurze Frage:

Wann sind Sie das letzte Mal durch die Gegend gehüpft? Ohne wirklichen Grund? Nur weil sie Lust dazu hatten? Diese kindliche Lust einfach zu hüpfen?

Prävention ist wichtig.

Ich war sehr früh an einem Punkt, an dem Prävention bedeutete, den vorhandenen, nicht so rosigen Zustand zu erhalten und zu verhindern, dass ich noch weiter eingeschränkt werde leben müssen.

Nun blicke ich auf fast drei Jahrzehnte zurück und kann sagen, dass es sehr schwer ist, einen Istzustand zu erhalten, wenn der eigene Körper, oder besser, der eigene Geist, nicht wie gewünscht mitspielt.

Hätte ich jeden Tag zwei Stunden professionelle Therapie bekommen, es wäre keine Besserung eingetreten.

Es hätte eventuell meinen Zustand länger erhalten können, doch wer hätte dies bezahlen sollen?

Von der Krankenkasse wurden zwei Einheiten Physiotherapie pro Woche bezahlt, es entspricht gut einer Stunde pro Woche.

Meine Eltern hatten nicht das Geld, um mir tägliche Therapien zu ermöglichen. Zwei Stunden über den Tag verteilt hätten am Monatsende eine Summe von gut 3.000 DM oder € ergeben.

Meine Eltern übernahmen die täglichen Übungen selbst. Anfänglich sicherlich laienhaft, doch sie schauten bei den Therapien genau zu.

Jedes Wechseln der Windeln, jedes Anreichen des Essens, alles wurde hier zu Hause zu einer Therapiestunde mit besonderen Handgriffen.

Meine Beine und Arme, die Schultern und Hände wurden gestreckt und gedehnt. Anscheinend immer nebenbei, aber jeden einzelnen Tag wurde es mehrmals und ausführlich gemacht.

Dennoch arbeitete mein eigener Körper mit seinen Spastiken die restliche Zeit dagegen. Höre ich meine Mutter reden, habe ich die Kraft von 1000 Mann.

Versteckt in knapp 20 Kilogramm Lebendgewicht.

*

Diese Kraft ging an meiner Mutter nicht ganz ohne Spuren vorbei.

Sie ist diejenige, die mich tagtäglich pflegt und trägt.

Selbst bei meinen, für Pflegetätigkeiten relativ handlichen Maßen, belastet es über drei Jahrzehnte die Knochen und Muskeln.

Jede Verdrehung von mir ausgleichen zu wollen, mich aufzurichten so gut es geht, um meinen Lungen genug Platz für ausreichend Sauerstoff zu verschaffen, gleicht oft der Arbeit an Fitnessgeräten.

So dachte auch jeder Arzt, zu dem meine Mutter gehen musste, dass sie viel Sport macht und irgendwie ist es ja auch so.

Ich sei ihr Fitnessstudio im eigenen Haus, so sagt sie es manchmal grinsend. Jedoch weiß ich auch, dass sie

mich oft unter Tränen ins Bett gelegt hat.
Tränen, weil ihr eigener Körper so schmerzte.

Eine Kur wäre eine gute Sache, doch eine Kur mit mir an ihrer Seite wäre so, wie es auch im Urlaub ist. Die Arbeit wird praktisch mitgenommen.
Das hört sich sicherlich seltsam an, aber so ist es. Ich bereite jeden Tag viel Arbeit, die, auch wenn sie gerne und mit Liebe gemacht wird, dennoch eine permanente körperliche und seelische Anstrengung ist.
Weit über 10.000 Tage ohne tagelange Freizeit, ohne Urlaub, ohne wirklich Zeit, selbst richtig gesund zu werden, wenn sie krank war.
Doch so ist sie, meine Mutter, so sind sie, die Mütter dieser Welt.
Sie tragen dich auch mit einem Bänderriss am Knöchel.
Sie tragen dich mit doppelten »Frozen shoulders« auch wenn es unmöglich erscheint.
    Liebe weckt so viel Kraft und die Liebe selbst ist die stärkste aller positiven Kräfte.

*

Einen Pflegedienst zur Seite zu haben, ist in meinem Fall keine wirkliche Alternative. Pflegedienste arbeiten auf der Basis von klar abgesteckten Zeiteinheiten.
Menschen können jedoch schwer in solch ein zeitliches Korsett gesteckt werden, ohne dass es zwickt.
Würde der Pflegedienst morgens um 8 Uhr kommen, könnte es gut sein, dass ich noch tief und fest schlafe.
Oder ich wäre so versteift, dass es unmöglich wäre, mir meine Windel zu wechseln.

Es gäbe nicht die Zeit, um in Ruhe abzuwarten, denn der nächste Kunde des Pflegedienstes wartet schon.

Täglich zwei Pflegebesuche über gut 30 Minuten, würden ungefähr den gesamten Pflegeetat, der von der Pflegekasse für den Monat gezahlt wird, aufbrauchen.
Es funktioniert nicht und ich glaube nicht, dass eine vollumfängliche Pflege so abgedeckt werden kann.
Zwischen den 2 x 30 Minuten bleibt viel Zeit, die sicherlich viele Familien vor große Herausforderungen stellt.
Dies sind alles Dinge, über die ich mir aber nie Gedanken machen muss.
Ich genieße es einfach, in meinem zu Hause zu leben.

Die Alternativen sind für mich völlig unbekannte Welten und könnten mir sicherlich nie die Sicherheit, Aufmerksamkeit und Zeit bieten, wie ich sie zu Hause bekomme.
Könnte ich darüber nachdenken, wie es meine Oma konnte, es würde mich sicherlich nicht glücklicher machen.

*

Mein Verstand war nie in der Lage sinnvolle Anweisungen zu verteilen. Meine Muskulatur locker zu lassen, wenn es gut gewesen wäre oder mir nicht auf die Lippe zu beißen, wenn ich mir damit selbst wehtat.
Noch nie habe ich etwas Negatives in meinem Leben mit Absicht gemacht. Ich bin nicht in der Lage zu erkennen, ob eine Bewegung gut oder schlecht ist.

Es kann geschehen, dass ich meinen Arm, meine Hände gegen mein Bein stemme und meine Fingernägel in meine Haut drücke.

Den aufkommenden Schmerz kann ich nicht durch eine Gegenbewegung unterlassen, eher verstärke ich die ursprüngliche Bewegung und drücke noch kräftiger.

In solchen Momenten muss ich mehr oder weniger vor mir selbst gerettet werden.

Es muss jemand vor Ort sein, der kurz meine Hand für mich bewegt und somit den selbstverursachten Schmerz beendet. Es reichen keine 2 x 30 Minuten.

*

Meine Eltern waren immer darum bemüht, mir mein Leben so angenehm wie möglich zu gestalten. Die Resthoffnung, meinen Zustand ein wenig zum Positiven beeinflussen zu können, ließ sie manchmal noch zu einem die Hoffnung erfüllenden Strohhalm greifen.

Ein Fernsehbericht über zwei Heilpraktiker aus Bottrop weckte um die Jahrtausendwende herum das Interesse meiner Mutter. Es wurde über ein Kind berichtet, bei dem durch Akupunktur wichtige »Funktionen« im Körper aktiviert werden konnten.

Sofort schöpfte meine Mutter Hoffnung.

Vielleicht konnte mir dort Erleichterung oder Entspannung verschafft werden.

Dauerhaft.

Schnell war mein Vater überzeugt. Es wäre zu schön, wenn es Hilfe für mich geben würde. Meine Eltern erkundigten sich, fanden die genaue Anschrift der Heilpraktiker und nahmen Kontakt zu der Praxis auf.

Sie nahmen all ihre Ersparnisse und buchten dort eine zweiwöchige Therapie.

Was macht man nicht alles, wenn man Hoffnung hat?

Ich erhielt unter der Woche täglich zwei Akupunktursitzungen. Meinen Geschwistern wurde auch jeweils einmal eine Nadel gesetzt. Das halten sie mir heute noch vor, oder besser unseren Eltern. Sie empfanden das damals als sehr unangenehm.

Ich habe es über mich ergehen lassen, was sollte ich auch sonst machen.

Leider hat es in meinem Fall nicht das Erhoffte gebracht, auch wenn sich meine Mama eine Zeit lang ein entspannteres Körperbild bei mir einreden wollte.

Manchmal sieht man Ergebnisse, weil man sie sehen möchte.

Die Frage bleibt, ob eine Dauerbehandlung hätte helfen können, doch da sind wir wieder beim Geld.

Tief in ihrem Innern hatten meine Eltern immer noch einen Funken glimmen, dass mir irgendwer ein wenig helfen konnte. Die Hoffnung stirbt zuletzt, sagt man so schön.

Die Erde drehte sich weiter und alles ging seinen für uns normalen Gang.

*

Der Wunsch, mir doch irgendwann etwas mehr Erleichterung verschaffen zu können, erfüllte sich viele Jahre später.

Meine Mutter entdeckte ein Mittel, dass den Kampf der Synapsen in meinem Gehirn etwas Einhalt gebieten sollte.

CBD Öl, ein Teil des so verpönten Cannabis.

CBD Öl, Cannabidiol Öl, berauscht jedoch nicht das Gehirn, wie es HTC, ein weiterer Wirkstoff von Cannabis, macht. Beide Bestandteile sind nicht vergleichbar.

Es gibt körpereigene Cannabinoide, die Endocannabinoide. Ein System mit eigenen Synapsen und Andockstellen im Nervensystem.

Die Hauptfunktion der körpereigenen Cannabinoide besteht darin, die Aktivität anderer Botenstoffe im Nervensystem des Körpers zu beeinflussen, und ihre Aktivität auf ein normales Niveau zu bringen.

Es wäre ein Wunder, wenn diese Funktion von meinem Körper richtig ausgeführt werden würde.

So las sich meine Mutter ein, studierte Berichte, Forschungsergebnisse und nach und nach kam sie zu dem Ergebnis, dass das CBD Öl einen Versuch wert sei.

Vielleicht würde es das Chaos in meinem Kopf, besonders bevor es Regen oder Gewitter gibt, abmildern.

Eine ihrer schwierigsten Entscheidungen.

Mein damaliger Kinderarzt hatte keinerlei Erfahrung damit und traute sich nicht, es zu verschreiben. Auf der anderen Seite war er neugierig, wie die Erfahrungen damit wären.

Das erste CBD Öl wurde gekauft. 5% Vollspektrumöl.

»Nahrungsmittelergänzung«, so wird es im Handel geführt.

Homöopathisch, vom Gedanken völlig ungefährlich und dennoch bedurfte es meiner Mutter eine gehörige Portion Überwindung, mir den ersten Tropfen zu geben.

Sie schaute und guckte, beobachtete mich genau.

Irgendwie schien es, als wäre keine Veränderung zu bemerken.

Tropfen für Tropfen, Tag für Tag obsiegte die Sicherheit, mir damit nicht zu schaden und nach und nach wurde gewiss, dass mir das CBD Öl half.

Die Anzahl meiner Krämpfe reduzierte sich sichtbar.

Sehr oft konnte der gruselige Kreislauf und das Gewitter in meinem Gehirn durch das CBD Öl unterbrochen werden.

Das stundenlange Gejammer vor einer heranziehenden Schlechtwetterfront wurde weniger.

Die Wetterwechsel machten mir nicht mehr so viel aus. Die Reizüberflutung konnte endlich häufiger eingedämmt werden.

Das CBD Öl hat keinerlei Nebenwirkungen bei mir. Anders als mein Dauermedikament Ergenyl, dessen Beipackzettel sich mit den aufgelisteten Nebenwirkungen sehr gefährlich liest. Natürlich nehme ich es dennoch weiterhin, wie schon seit Jahrzehnten in einer sehr niedrigen Dosierung.

Mittlerweile hat meine Mama ein gutes Gefühl für die CBD Dosierung entwickelt. Ist das Wetter stabil und ich bin ausgeglichen, benötige ich das Öl nicht.

Auch wenn die CBD Tropfen rein pflanzlich sind, bekomme ich nicht mehr davon, als nötig.

Eine Maxime meiner Mutter.

Schließlich muss alles von meinen Organen verarbeitet werden, Nahrungsergänzung hin oder her.

Meine Erfahrungen mit dem CBD Öl sind durchweg positiv.

Ich krampfe sicherlich 50 Prozent weniger als in den letzten Jahren zuvor.

Faszinierend ist, dass aktive Krämpfe durch die Gabe eines oder zweier Tropfen deutlich verkürzt werden können. Das Chaos in meinem Kopf endet viel schneller, jedoch ohne die fatalen Nebenwirkungen des Diazepams.

Ein Wundermittel? Für mich ein absolut wunderbares Mittel.

Meine Lebensqualität ist, seitdem ich das CBD Öl tropfenweise bei Bedarf bekomme, deutlich gestiegen.

*

Und auch dieser Tag, an dem ich vorerst meine Memoiren abschließe, endet wie fast jeder Tag in meinem Leben.

Meine Mutter macht mich frisch für die Nacht, danach gibt sie mir mein Abendessen auf ihrem Schoß. Wir schmusen ein wenig, ich kuschel mich an sie und lausche ihrem Herzschlag, ihrer Atmung und Stimme.

»So mein Schatz, jetzt ist es Zeit fürs Bettchen«, heißt es, wenn die Schlafenszeit gekommen ist.

Emma trottet neben uns her, während mich meine Mama in mein Zimmer trägt.

Sie legt mich in mein Bett, leicht auf die linke Seite gedreht. Große weiche Kissen vor mir, schützen mich davor, auf den Bauch zu rollen. Ein weiteres langes, weiches Kissen liegt bequem an meinem Rücken. Zwischen meine Beine werden zwei kleine, weiche Kissen geklemmt.

Eins zwischen meine Oberschenkel und Knie, das anderen zwischen meine Unterschenkel und Knöchel.

Unter dem Knöchel und der Wade meines linken Beins, liegt ein schmales Kissen. Auf diese Weise wird der Druck auf den linken Fuß nicht zu groß, er schwebt ein wenig über der Matratze.

Unter meinen linken Arm, der vor meine Brust drückt, legt sie mir mein weiches Schäfchen Stofftier. Ich würde sonst eventuell auch in der Nacht zu kräftig gegen meine Rippen drücken.

»Schlaf schön kleine Maus«, höre ich, während ich zugedeckt werde.

Ich blicke auf ein kleines Regal an der Wand. Eine Lampe, die aus drei einzelnen Kugeln besteht, wird darin die ganze Nacht für mich leuchten. Sanft wechseln die Kugeln ihre Farbe. Rot, Grün, Blau und Gelb, fließend im Übergang.

Glitzernde, am Regal herabhängende Fische funkeln vor meinen Augen.

Ein kleines Säckchen mit getrockneten Lavendelblüten liegt neben meinem Kopfkissen und verbreitet einen angenehm beruhigenden Duft.

Ein gelbes, quietschendes Monchhichi liegt bereit, daneben eine kleine Rassel. Falls ich unruhig werde, kann ich damit abgelenkt werden, oder es wird einfach zu meinem Vergnügen gerasselt oder gequietscht.

Zuletzt wird das Radio angeschaltet, leise aber hörbar spielt es die ganze Nacht.

An der Wand hängt eine Lampe in Blumenform. Sie leuchtet ebenfalls gegen die Dunkelheit an. Ich mag es heller und schlafe so oft sehr gut.

Ein Lichtspot ist an dem Regal angebracht. Er wird benötigt, wenn ich im Bett liegend krampfen sollte oder unruhig auf einen Krampf warte. Das sehr helle Licht kann dazu beitragen, dass die Krampfaktivität unterbrochen wird.

Meine liebe Emma wartet, bis ich fertig im Bett liege, dann geht sie mit meiner Mutter zurück ins Wohnzimmer.

Seit vielen Jahren schläft sie bei mir im Zimmer unter meinem Bett. Jetzt im Alter wandert sie häufiger Nachts ein wenig durchs Haus und ich höre ihre kleinen Schritte in mein Zimmer kommen und wieder gehen. Und irgendwann, wenn sie bereit ist, legt sie sich auf ihre Decke unter meinem Bett und schläft leicht schnarchend ein.

Ich liege, lausche auf alle Geräusche die noch im Haus zu hören sind und irgendwann, zu den Tönen aus dem Radio, schlafe ich ein.

Nicht jeden Abend geht es so ruhig zu, manchmal verlange ich noch zwei, oder drei Mal etwas zu trinken, nur ein wenig, oder etwas stört mich an meiner Liegeposition und es muss ein wenig nachgebessert werden.

Doch heute werden meine Lider immer schwerer und meine Atmung wird ganz ruhig und gleichmäßig. Ich bin ein ruhiger Schläfer.

Die Nacht kann kommen.

Manchmal lächle ich im Schlaf, ziehe einen oder beide Mundwinkel nach oben.

Vielleicht träume ich von dem vergangenen Tag, oder dem davor.

Das jedoch bleibt mein Geheimnis.

Nachwort

Nun habe ich, Lisas Mama, versucht, die Geschichte meiner Tochter mit all ihren Facetten für Lisa aufzuschreiben.
Natürlich kann ich ihr Fühlen nur erahnen, doch über die Jahre sind wir zu einer kleinen Einheit geworden.
Wie Bäume, die über das Wurzelwerk miteinander verbunden sind und kommunizieren.
Ich glaube, Lisa so gut zu kennen, wie mich selbst.
Einige schwarze Flecken der Unwissenheit werden immer bleiben, bei Lisa und bei mir selbst.
Jetzt möchte ich noch mein ganz eigenes Denken über das Leben im Allgemeinen und speziell über das Leben mit Lisa aufschreiben.
Es wird ein längeres Nachwort werden.
Es sind meine Gedanken, die unter anderem aufzeigen, was das Leben mit Lisa aus mir und mit mir gemacht hat.
Da es so viele Gedanken, so viele Gefühle gibt, nenne ich es mein Gedanken ABC.
Es unterliegt keiner zeitlichen Reihenfolge, sondern der, der Buchstaben A-Z.

*

A

Alles hat einen *Anfang*, doch wie das Ende sein wird, möchte niemand wissen.

Angst, es ist immer nur die eigene Angst, die einen ängstigt, die Angst eines anderen kann man nur versuchen zu verstehen.

Zum ersten Mal in meinem Leben spürte ich Angst vor dem, was kommt. Ich konnte nicht einschätzen, was das Leben mir abverlangen würde, und wagte kaum, Pläne die Zukunft betreffend zu machen.

Ein Tag nach dem anderen musste gelebt werden, bis die Zuversicht die Angst mehr und mehr vertrieb, sie verdrängte, in eine Ecke meiner Seele versteckte.

Dorthin, wo sie keinen Schaden anrichten kann.

Doch diese eine, große Angst gibt es immer und ich wage nicht, an sie zu denken.

Die Vorstellung, meine Tochter könnte mich überleben, macht mir das Herz schwer, so schwer wie die Angst, Lisa nicht gerecht werden zu können.

Achtsamkeit, zur heutigen Zeit ist die Achtsamkeit zu einer Art Modeerscheinung geworden.

Das Leben mit Lisa hat mich jedoch schon sehr früh gelehrt, achtsam zu sein, die kleinen Dinge bewusst und wach wahrzunehmen.

Nicht durch bewusste Meditation, nein, ich lernte einfach den Moment zu genießen.

Jeden Moment als wertvoll anzunehmen.

Dadurch, dass wir Lisa so angenommen haben wie sie war und ist, keinerlei Anforderungen an sie stellten, waren wir stets froh über jeden Tag, der ohne Probleme war. Die Achtsamkeit baute sich nach und nach von alleine auf. Sie schlich sich mehr oder weniger ins Leben.

Jeder Augenblick war wichtig und nichts wurde als selbstverständlich genommen. Den Samen für die

Achtsamkeit haben meine Eltern bei mir, in mir gesät. Das wurde mir erst später bewusst.

Kinder, besonders die kleinen, haben diese Achtsamkeit automatisch in sich. Sie leben im und für den Moment, sehen einen Marienkäfer, beobachten ihn und vergessen alles um sich herum. Meine Eltern zeigten mir früh, nicht nur träumerisch in die Wolken zu blicken, sondern auch alles andere um sich herum wahrzunehmen.

Als Erwachsener nimmt man sich meist bewusst die Zeit dafür, Zeit zum Abschalten. Dabei ist es doch eher eine Zeit, um die Achtsamkeit einzuschalten.

Hat man den Punkt erreicht und schaufelt sich nicht extra Zeiten frei, um achtsam zu sein, sondern lässt es einfach zu, lässt sie einfach wieder so geschehen, dann braucht es keine Seminare. Dann hat man erneut den Anschluss gefunden, Anschluss an den Teil des inneren Lebensflusses der so oft durch den aufgezwungenen Alltag verloren geht.

*

B

Blauäugig, so blauäugig ging ich vor gut 30 Jahren das Leben an. Jung und unbedarft, naiv und gutgläubig. Das Leben lag doch in all seiner Fülle vor mir, doch sah ich nur den Teil des Lebens, der auch zu meinem damaligen Denken passte.

Behinderung war bis dahin fast ein Fremdwort. Ich hatte keinerlei Berührungspunkte im Alltag. Als Kind sah ich einmal ein Contergan Kind, etwas älter als ich und

mit sehr kurzen Armen. Und in einer Turngruppe traf ich auf ein Mädchen mit einer Muskelerkrankung.
Mehr Erinnerungen hatte ich nicht an Behinderung.
Meine Eltern brachten mir bei, jeden Menschen so zu nehmen, wie er ist. Nicht besonders hinschauen aber auch nicht ignorieren. Hilfe anbieten, wenn man denkt, man könnte Hilfe leisten, jedoch nicht aufdringlich sein.

Behindert zu sein, nimmt dir nicht deine Würde, es sind eher einige Mitmenschen, die einen Behinderten herabwürdigen, den Wert des behinderten Lebens herabsetzen. Bewusst oder unbewusst.
Eine Behinderung macht niemanden automatisch zu einem besseren oder schlechteren Menschen, jedoch hat sie Einfluss auf dein Handeln, dein Denken und deine Möglichkeiten.
So eingeschränkt wie Lisa zu sein, nimmt dir jegliche Möglichkeit Gutes oder Schlechtes zu tun. Fehler zu machen oder Fehler zu vermeiden.
Sie lebt ihr Leben so, wie es in den Anfängen war.
Lisa weiß nicht, dass es hätte weitergehen sollen, ausbaufähig war.

Bürokratie, Fluch und Segen zusammen. Anträge, Verordnungen, Meldungen hier und Meldungen da, Vorlage des Schwerbehindertenausweises, Erklärungen, Ausführungen, Kopien. Unterschriften hier und Unterschriften da. Einfache oder doppelte Ausführung und was sonst noch alles.
Ja, Bürokratie ist wichtig, aber manchmal nervt sie nur. Verloren im Paragrafendschungel, so fühlt es sich teilweise an.

Und ich denke für mich: Ein Blick auf Lisa reicht aus und jegliches Formular kann in die Tonne wandern.

Speziell über die Erwerbsminderungsrente habe ich mir in letzter Zeit vermehrt Gedanken gemacht. Es fühlt sich ungerecht an, dass Lisa nicht unter dem staatlichen Dach der Rente einzuordnen ist.

So etwas ärgert mich ungemein, jedoch merke ich auch, dass ich nach so langer Zeit nicht mehr die Kraft früherer Tage habe. Ich bäume mich langsamer auf, nehme mehr Anlauf und überdenke länger.

*

C

Camus, Albert, sagte: »Du wirst nie glücklich werden, wenn Du weiter danach forschst, woraus das Glück besteht. Du wirst niemals leben, wenn Du nach dem Sinn des Lebens suchst.«

Es gibt Momente, in denen spürst du ganz genau, wie dich das Glück förmlich überschwemmt. Du musstest es nicht suchen, es ist einfach da und umarmt dich.

Und es gibt Zeiten, auf die blickst du zurück und bist zufrieden.

Glück findet für mich in einem Moment statt, lebt in der Erinnerung immer wieder auf und wird zu Zufriedenheit.

Von daher versuche ich, jeden Tag meine Sinne bei mir zu haben. Nicht in Träumereien zu verfallen und den Moment zu genießen. Damit ich das Glück auch als solches erkenne.

Der Sinn des Lebens ist das Leben an sich, schau es dir an und du hast gefunden, bevor du suchen musstest.

Corona, ein Virus bewegt die Welt. Er zwingt die Menschen, die Maßnahmen zu treffen, die ich schon immer mit Lisa lebe. Distanz halten, oder Lisa direkt fernhalten, da sie selbst die Distanz nicht einhalten kann. Vielleicht führt das ganze Corona Drama zu einem Umdenken in der Gesellschaft, zu mehr bewusstem Umgang miteinander, zum Schutz der schwächsten Glieder der Gesellschaftskette.

*

D

Demut dem Leben gegenüber lernt man am Leben.
Bevor Lisa in mein Leben kam, dachte ich nicht wirklich daran, dass mir das Schicksal große Steine in den Weg legen würde.
Jung und naiv, voller Träume.
Demut?
Noch nie daran gedacht oder sie bewusst empfunden.
Lisas Leben, das Leben mit Lisa, hat meine Wertigkeiten neu sortiert und hat mich demütig werden lassen.

*

E

Eltern sein bedeutet meist, den eigenen Egoismus hinten anzustellen, auch wenn man zumeist erst zu Eltern wird, nachdem man dem eigenen Egoismus nachgegeben hat und sich seinen Wunsch nach einem Kind erfüllt.

Eltern sein habe ich mir ehrlich leichter vorgestellt.

Erwachsen, irgendwie war ich selbst noch nicht ganz erwachsen, als mich Lisas Schicksal zu überrollen drohte. Alles verlief so anders, als ich es mir dachte, erträumte.
Warum konnte es nicht rund laufen, wie bei vielen anderen? Einfach rund laufen?
Von jetzt auf gleich war die Leichtigkeit des Lebens dahin.

E wie *Euthanasie.*
Ein schlimmes Wort, doch oft ist es mir in den Kopf geschossen, wenn ich an andere Zeiten hier im Land dachte.
Lisa hätte keinerlei Überlebenschance gehabt. Wäre zum Versuchskaninchen degradiert worden und, nein, hier mag ich einfach nicht weiterdenken.
Wir können so glücklich und dankbar sein, im Hier und Jetzt genau in diesem Land zu leben.

Einsicht, einzusehen, dass ein Zustand ist wie er ist. Irreparabel.
Ich weiß, dass ich meiner Mutter einmal wehgetan habe, als ich ihr sehr deutlich erklärte, dass Lisas Zustand nie ein eigenständiges Leben zulassen würde.
Es tat mir in dem Moment selbst weh, ihr in aller Deutlichkeit sagen zu müssen, dass Lisa in ewiger Abhängigkeit leben wird. Das verzweifelte Hoffen meiner Mutter mit anzusehen, war ein täglicher Schmerz, der den Alltag zu schwer machte. Unbewusst kratzte sie auch immer wieder den frischen Schorf auf meinen eigenen seelischen Wunden auf.

Hoffnung ist nur da gut, wo die Hoffnung erfüllt werden kann.
So wenig wie ein einbeiniger Hund je laufen wird, so aussichtslos war es, auf eine Besserung in Lisas Leben zu warten.
Ihr Gehirn war zu großflächig zerstört. In solch einem Fall macht es die Einsicht leichter damit zu leben.
So sagte ich es meiner Mutter deutlich, ich wollte sie nicht in den vagen Hoffnungen leben lassen, es hätte mir das Herz zerrissen.

Ergenyl ist das Medikament, das Lisa seit gut 29 Jahren ohne Unterbrechung zu sich nimmt. Immer in einer niedrigen Dosierung. In Verbindung mit dem CBD Öl wurde der ellenlange Beipackzettel des Ergenyls angesprochen, die Nebenwirkungen.
Hier möchte ich nur einige der häufigen und sehr häufigen Nebenwirkungen erwähnen, doch wie bei dem Diazepam, wenn ein Medikament lebensnotwendig ist, dann liest man sich das alles nicht durch, besonders, da Lisa nie eine verbale Rückmeldung geben konnte.

Häufig bedeutet: 1 bis 10 von 100 Behandelten.
Sehr häufig bedeutet: mehr als 1 von 10 Behandelten.
–Zum Teil bleibender Gehörverlust.
–Dosisunabhängige auftretende schwerwiegende (bis tödlich verlaufende) Leberschädigungen.
Verwirrtheitszustände, Halluzinationen, Aggression und Unruhe.
–Zittern, Störungen der Steuerung der Muskeltätigkeit, Zustand der Erstarrung, Kopfschmerzen,

Schwindel.
- Verminderte Zahl der roten, der weißen Blutkörper-
chen oder der Blutplättchen.
– Zahnfleischwucherung, Übelkeit, Erbrechen.

Die gelegentlichen oder seltenen Nebenwirkungen
habe ich schon ausgespart, die Warnhinweise auch.
Lisa kann keine Rückmeldung geben, wir konnten nur
immer wieder Blutabnahmen machen lassen, die
durchweg zufriedenstellend waren. Die Blutabnahmen
wurden weniger, Lisa damit zu piesacken war eine un-
schöne Sache. Ihr Körper hatte sich arrangiert und
wir taten unseres dazu, ihn nicht unnötig mit noch
mehr Medizin zu belasten.
Wie zuvor geschrieben, die letzte Blutabnahme war
bis auf einen niedrigen Eisenwert sehr zufriedenstellend.

*

F

Fragen, Fragen die Vergangenheit betreffend können
diese nie mehr ändern, jedoch helfen, die Zukunft besser zu verstehen.
Fragen können dich zermürben und nicht immer ist
es leicht, Fragen an die Vergangenheit, nach dem
Warum und Wieso, nicht ins eigene Denken zu lassen.
Sie helfen nicht wirklich, sondern entkräften, und
doch kann ich sie nie ganz vertreiben.

Freunde sind eine wichtige Stütze.
Sie lenken ab, sind Ideengeber und bringen mich zum

Nachdenken.

Ich bin dankbar für die Menschen, die ich Freunde nennen darf. Ich gehöre nicht zu den Sammlern in diesem Bereich, von daher ist ihre Anzahl sehr übersichtlich.

*

G

Gehirn, würde doch jeder, dem es nicht genommen wurde, es gut einsetzen und nicht manchmal so handeln, als hätte er keins.

An einigen Tagen habe ich mich gefragt, wie ich reagiert hätte, wenn es die Möglichkeit gegeben hätte, bei Lisa das Gehirn wieder wachsen zu lassen.

Die Forschung geht immer weiter, kann Haut aus einer Zelle wachsen lassen und Organe transplantieren, Herzen neu einsetzen.

Das Gehirn ist der Sitz von Allem. Dort wohnt in meinen Augen die Persönlichkeit, die Seele, der Mensch mit all seinen Facetten.

Mit jedem Stückchen Hirn, dass dir genommen wird, wirst du ein bisschen weniger Du oder bleibst, wenn es dir so früh genommen wird, wie es Lisa genommen wurde, einfach ein sehr frühes Ich.

Und Nein! So wäre meine Antwort gewesen, wenn es die utopische Möglichkeit gegeben hätte, Gehirn zu transplantieren, hätte ich Nein gesagt. Es wäre Lisas Körper geblieben, aber sie wäre nie mehr sie selbst gewesen.

Vielleicht ist das der Grund, dass ich in meinem Organspendeausweis eingetragen habe, dass mein Hirn

nicht verwendet werden darf. Unabhängig von der
Möglichkeit dessen, ob es überhaupt irgendwie ver-
wendet werden könnte, so habe ich es geschrieben.
Da schrieb wohl mein naives Ich.

*

H

Hilfe, es ist manchmal schwerer, sie anzunehmen, als
sie zu leisten.
Mir fällt es oft nicht leicht, den Umstand Hilfe zu be-
nötigen, anzuerkennen. Sie anzunehmen bedeutet für
mich, eine Schwäche einzugestehen. Etwas nicht alleine zu schaffen.
Ich weiß selbst, dass es ein sehr dummer Gedanke ist,
doch diese Dummheit gestehe ich mir zu. Dennoch
versuche ich immer häufiger, an ihr zu arbeiten.
  Ich möchte nicht als schwach angesehen werden,
vielleicht ist es eine Eitelkeit von mir, kann sein. Doch
ist nicht jeder auf irgendeine Art und Weise eitel?

Hilfsmittel.
Ich denke jeder, der irgendwie mit Behinderung zu
tun hat, hat sich schon einmal auf die Suche nach Din-
gen gemacht, die das Leben eines behinderten oder
gehandicapten Menschen erleichtern können.
Sicherlich ist vielen auch schon aufgefallen, dass Dinge, die für behinderte Menschen gefertigt werden, gefühlt extrem teuer sind. So geht es mir oft. Sie fühlen
sich besonders teuer an.
Ich verstehe dies, wenn etwas auf Maß hergestellt
wird, Spezialanfertigungen wie Lisas Rollstuhl.

Natürlich möchten viele dem behinderten Menschen einfach etwas Gutes tun und greifen sehr gerne zu den Fix- und Fertigprodukten.

Die simplen Lösungen sind jedoch bei Weitem nicht schlechter und zudem teils in den Haushalten vorrätig oder günstig zu bekommen.

Bei leichten Rötungen, dem Verdacht, dass sich eine Druckstelle entwickeln könnte, klebe ich ein handelsübliches Blasenpflaster auf die Stelle.

Alles heilt perfekt ab.

Doch das Geschäft mit den Hilfsmitteln scheint nicht eines der Schlechtesten zu sein.

*

I

„*Ich* bin einfach, aber ich bin."

Ja, Lisa ist einfach, nicht kompliziert in ihrem Wesen.

Sie ist nicht zum Zweifel fähig, der laut Descartes der Vorgang des Denkens ist, der dem Menschen die Gewissheit über sein Sein gibt.

Sie ist einfach auf der Welt wie ein Gänseblümchen, das auf der Wiese steht und wächst.

Niemand fragt sich, warum es da ist, es ist einfach. Es ist ein Teil der ganzen Wiese und lebt von einem Tag in den nächsten, niemand würde je seine Existenz negativ hinterfragen.

Intuition, es ist so wichtig, diesem Urgefühl wieder Vertrauen zu schenken, seinem Gefühl zu glauben und sich nicht etwas von außen einreden zu lassen, das sich für einen selbst nicht so anfühlt, wie es vermittelt wird. Es kann auf so viele Bereiche angewendet werden, doch hier im Buch schreibe ich über die Intuition, an der sich Lisas Leben entlang hangelt.

Vertrauen in die eigenen Entscheidungen ist mehr als wichtig. Selbstvertrauen kann von außen torpediert werden, mit Worten. Worte von anscheinend Wissenden oder auch nur Ahnenden. Jedoch sind es oft Menschen, die im Einzelfall im Dunklen tappen und relativieren wollen.

Gerade dann ist es besser, sich der Verallgemeinerung zu entziehen und auf sich selbst zu setzen.

So wie bei Lisa, sie passt in kein verallgemeinerndes Bild, sie steht so, wie sie ist, alleine in der Welt. So wie jeder für sich steht, mit seinem Sein, seinen Gefühlen.

Inklusion, sie ist wichtig, doch wäre sie nie so in den Fokus gerückt, wenn es keine Ausgrenzung geben würde.

Die Inklusion betrachtet die Vielfalt der Gesellschaft als selbstverständlich. Der Einzelne muss sich nicht, wie bei der Integration, dem System anpassen. Die Rahmenbedingungen innerhalb unseres gesellschaftlichen Gefüges müssen so flexibel gestaltet sein, dass sie jedem Einzelnen Teilhabe ermöglichen.

Meiner Meinung nach wird der Begriff Inklusion oft zu sehr strapaziert, weil zu kraftvoll alles gleichgemacht werden soll, das aber einfach nicht gleich zu machen ist.

Bei Lisa habe ich oftmals lieber bewusst auf Teilhabe an vielem verzichtet, denn dabei sein bedeutet nicht immer auch, dass es gut für sie wäre.

Italien, ich war noch nie da. Doch hier zu Hause begebe ich mich oft mit Lisa auf die Reise nach Italien, an den Po. Es klingt netter als »Wir machen gerade einen Einlauf.« An manchen Tagen ist es eine kurze Reise, dann geht es schnell und Lisa macht gut mit.

An anderen Tagen sind wir zwei Stunden und länger unterwegs. Ich massiere ihren kleinen Bauch. Halbkreisförmig von ihrer rechten Seite zu ihrer linken Seite.

Mit Pausen. Und wieder massieren.

Ich fühle mich dabei wie eine Tiermama, die ihrem Nachwuchs den Bauch massiert. Zum Glück kann ich meine Hand nutzen und muss nicht die Zunge nehmen, wie es die Tiermütter machen.

Die Reise ist für uns beide anstrengend. Doch es ist wichtig. Und so reisen wir immer wieder. Nach Italien.

Vielleicht werde ich es irgendwann wirklich sehen, dieses Land, die Toskana. Ein schöner Traum.

*

J

Juli, mitten im Jahr, mitten im Leben. Der 07.07.1990, selten hat sich ein Datum, ein Tag so sehr in meine Erinnerung gebrannt.

An jedem siebten Tag im Juli zieht sich mein Herz auf sonderbare Weise ein Stückchen zusammen. An jedem siebten Tag im Juli frage ich mich, ob ich doch etwas hätte anders machen können.

Jedes Jahr am 07.07. habe ich meine persönlichen Weichei-Momente, innige Worte die ich schon am

Morgen meiner Tochter zuflüstere. Und dann schaut Lisa mit ihren blauen Augen in die Welt, nicht anders als sie es an jedem anderen Tag im Jahr auch macht.

Ja. Ja ich würde es immer wieder so führen, das Leben mit Lisa. Nur ganz am Anfang, am ersten Tag, da würde ich Nein sagen. Nein, Lisa fährt nicht mit nach Krefeld!
Manch einem erscheint der Gedanke vielleicht abwegig, doch ich glaube, es war auch ein finanzieller Aspekt, aus dem Lisa mit nach Krefeld sollte.
Kaum auf der Welt wirst du automatisch zu einem Wirtschaftsfaktor. Ein belegtes Bett im Krankenhaus bringt mehr Geld in die Kasse als ein leeres Bett. Ein Baby-Notarztwagen ist sicherlich mit Baby an Bord lukrativer als ohne.

*

K

Konjunktive in Verbindung mit Lisa und der Vergangenheit gehen absolut nicht. Sie ziehen automatisch Vergleiche mit sich. Vergleiche, die nichts bringen, die nur Fragen aufwerfen, auf die es keine Antworten gibt.
Konjunktive frühere Zeiten betreffend, reißen Wunden immer neu auf. Sie implizieren den Wunsch, dass man die Vergangenheit, bestimmte Punkte betreffend, nur zu gerne abgeändert betrachten oder sogar leben möchte.
Doch bei allem, was nicht möglich ist, muss der Konjunktiv erst nicht bemüht werden.

Und doch macht man es so oft.

Krankenhaus, es geht nicht ohne, jedoch auch nicht immer mit.
Bis zum Jahr 1990 war ich Krankenhäusern gegenüber sehr neutral eingestellt. Man geht hin, wenn man krank ist, und kommt gesund wieder heraus.
So ein simples Weltbild nannte ich damals noch mein eigen. Es hat sich drastisch gewandelt. Dieses blinde Vertrauen in Krankenhäuser und dem Personal, das doch oft so überlastet ist, ist dahin.

K wie *Knacken*, wie das Knacken der Knochen von Lisa, wenn sie aufgerichtet wird, sich einzelne Wirbel in dem Maße, wie sie es können, richten.
Knacken wie es ihr Hals macht, wenn ich ihn mit einigen Bewegungen beweglich halte. Seit gefühlten Ewigkeiten, denn sonst hätte sie schon längst einen steifen Hals und wäre noch eingeschränkter in ihren Bewegungen.
Ein sehr heikler Bereich an den ich mich bei keinem anderen herantrauen würde.
   Bei Lisa kenne ich jede Grenze, die ich anerkennen oder auch überschreiten kann, darf und manchmal muss.
Die Therapeuten sagen, sie dürfen nicht gegen den Widerstand arbeiten. Da Lisa oft aus einer einzigen Anspannung besteht, muss ich sehr oft dagegenhalten.
Viel eigene Kraft muss aufgewendet werden, um sie zu stoppen und letztendlich zu einer Entspannung ihrer Muskeln zu führen.
Es ist ein Mechanismus, der schwer zu erklären ist,

doch manchmal ist Lisa, fühlt Lisa sich an, wie mein verlängertes Ich.

Nach fast drei Jahrzehnten so engem Kontakt weiß ich sie einfach zu lesen. Ein Prozess, der sich über die Zeit entwickelt hat. Erleichterung kann ich ihr zeitweise verschaffen. Die fortschreitende Verkrümmung ihrer Wirbelsäule kann ich nicht aufhalten. Dazu arbeitet Lisa zu viele Stunden am Tag vom Kopf her in die falsche Richtung.

Klebsiella Pneumoniae.

Das Bakterium wurde nach dem deutschen Forscher und Bakteriologen Edwin Klebs benannt.

Bei Klebsiella Pneumoniae handelt es sich um ein *gramnegatives* (= dass es sich im von Hans Christian Gram entwickelten Verfahren der Differentialfärbung zur Sichtbarkeit unter dem Lichtmikroskop, rot verfärbt)

humanpathogenes (= dass es in der Lage ist, beim Menschen Krankheiten hervorzurufen)

Stäbchenbakterium, das der Gattung Klebsiella entstammt.

Es gehört zur Familie der Enterobacteriaceae, das bedeutet, es kommt wie E. Coli normalerweise im Darm von Mensch und Tier vor und ist dort harmlos.

Auf der anderen Seite kann es, ein den Körper schädigendes Bakterium, sein.

Klebsiella Pneumoniae gehört zu den gefährlichsten und berüchtigtsten Krankenhauskeimen der Welt.

Es ist ein vierfach multiresistenter Keim. Dies bedeutet, dass er gegen alle vier Antibiotikaklassen resistent ist.

Besonders für geschwächte Patientengruppen wie

Frühchen ist das Bakterium sehr gefährlich.

Die Übertragung von Mensch zu Mensch ist genauso möglich wie die Übertragung von einer unbelebten Umgebung, sprich einer kontaminierten Oberfläche.

Kämpfen, manchmal bin ich so müde, bin ich es leid, immer um irgendetwas kämpfen zu müssen. Zuletzt Lisas Verbleib in der Caritas. Wenn sie die Anforderungen für die Erwerbsminderungsrente nicht erfüllt, nicht belastbar genug für die Zeit in der Caritas ist, was bleibt?

Der alleinige Status der Grundsicherungsempfängerin.

Es hat mich einfach nur traurig gemacht, als die Nachricht über die Beendigung von Lisas Rehabilitationsmaßnahme ins Haus geflattert kam.

Ich dachte wirklich immer, es wäre ein Arbeitsverhältnis, auch wegen der Sozialabgaben und der Bezeichnung Mitarbeiter, die immer genutzt wurde.

Sollte ich dagegen angehen? Sollte ich auf 18 Monate Krankengeldanspruch wie in der freien Wirtschaft bestehen?

Alles in mir hält es für eine große Ungerechtigkeit, findet es unsozial und noch mehr, aber dafür finde ich nicht die richtigen Worte.

Es fehlt mir auch die Kraft, nicht die Körperliche. Tief in mir, da reicht es gerade für den Einspruch gegen die Erwerbsminderungsrente und ich frage mich, warum es neben Recht und Unrecht noch das gefühlte Unrecht gibt?

Das, gegen das du einfach nichts wirklich machen kannst und es sich immer und immer einfach ungut und unrichtig anfühlt.

Die fast drei Jahrzehnte mit Lisa sind an mir nicht

spurlos vorüber gegangen. Drei Jahrzehnte gehen an niemandem ohne Spuren vorbei. Mit 20 oder 30 war ich anders belastbar als jetzt mit über 50. Es ist der normale Gang der Dinge, jeder wird älter. An manchen Tagen frage ich mich wirklich, wie ich jetzt wäre, wenn ich weiter so blauäugig wie mit Anfang 20 mein Leben hätte führen können.

Auf jeden Fall würde ich dann nicht hier sitzen und gerade das Buch über meine Tochter schreiben.

*

L

Lisa, Leben, Lieben.

Lisa, wie sehr hast du meine Welt verändert, ohne es wirklich zu wollen.
Ich wollte damals nicht aus diesem gleichmäßig fließenden Strom herausgerissen werden. Hinein geschubst in die Stromschnellen, an die Felsen geworfen und zurück geschmissen in die heftigen Strudel des Lebens.
Doch wir haben es ganz gut geschafft, dieses Kopf-über-dem-Wasser-Halten. Wenigstens ich habe mir den Blick hinaus über die Ufer bewahrt.
Für dich suche ich die seichten Stellen im Gewässer, dort wo es keine Strudel gibt.

Lisa, du hast wie kein anderer Mensch meinen Blick auf das Leben verändert. Du hast mir sehr früh gezeigt, dass nichts einfach normal ist.

Du bist die größte Herausforderung, die ich mir nie hätte denken können. Eine Herausforderung der ich mich mit all meiner Liebe und Kraft jeden Tag stelle.

Durch dich habe ich gelernt. Viel gelernt, auch über mich selbst. Du hast mir Grenzen aufgezeigt, Grenzen die ich für dich und auch für mich immer erweitert habe.

Ich fürchte mich vor dem Tag, an dem ich nicht mehr weiter kann, eine Grenze dann auch eine Grenze bedeutet.

Ich hoffe, dass dieser Tag noch in weiter Ferne liegt, weit hinter der Grenze des heute Vorstellbaren.

Lebensqualität, wer definiert sie? Die Qualität eines Lebens? Wer würde sie bei einem gesunden Säugling beurteilen? Da Lisas Leben keine großen Zukunftsperspektiven aufweist, neigen einige dazu, ihr Leben als nicht lebenswert, als qualitativ nicht hochwertig einzustufen. Niemand spricht so etwas aus, doch manchmal glaubt man Gedanken laut reden zu hören. Dieses »Wäre es nicht besser für Lisa, wenn ..... «. Natürlich beeinträchtigen manchmal die Krämpfe ihren Alltag, doch andere haben heftige Migräneattacken, starke Schmerzen durch Rheuma oder Krebs. Deren Leben wird sicherlich deshalb nicht abgewertet. Jeder wünscht dem anderen einfach nur keine Schmerzen haben zu müssen. Und so versuche ich jeden Tag, Lisas Leben ein lebenswertes sein zu lassen.

Und ich bin jeden Tag für das CBD Öl dankbar. Lisas Krämpfe, ihre Jammerphasen sind wenigstens halbiert, ihre Tage so viel friedvoller und ruhig.

*

M

Mittendrin, es ist nicht schwer.
Lisa war von Anfang an immer mitten in unserem Alltagsleben. So selbstverständlich, den Ansprüchen entsprechend. Manchmal an erster Stelle, mitunter hinten, wie jeder zuweilen mehr Aufmerksamkeit braucht und dann wieder weniger.

Mut, oft hat es Mut gekostet, eigene Wege zu gehen, nicht auf die Ärzte zu hören. Sie haben auch nur vermutet und aus dem Vielleicht heraus geraten, was zu tun sei.
Der eigenen Intuition zu folgen, sich selbst zu vertrauen, dazu bedarf es Mut. Du alleine hast die Folgen zu verantworten und wie gerne gibt man Verantwortung ab.

Mundschutz, oft habe ich hier schon mit einem Mundschutz gesessen und Lisa etwas zu Essen oder zu Trinken gegeben. Nicht um mich vor ihr zu schützen, sondern um sie davor zu bewahren, sich bei mir anzustecken, wenn ich erkältet war.
Auch galt stets die klare Regel, sich von Lisa entfernt zu halten, wenn jemand anderes hier im Haus erkrankt war. Da wurde das Mittendrin zweitrangig und fast immer kam Lisa unbeschadet durch Erkältungszeiten.

Mutter. Nie hat mich ein Tag erneut so gepackt wie der, als meine Mutter ihren Schlaganfall hatte. Zeitweise fühlte ich mich Jahrzehnte zurück katapultiert in unsichere Zeiten des Wartens, Bangens und

Hoffens. Meine Mutter, eine Frau, die ihr Leben lang stark und kämpferisch war, so hilflos am Boden liegen zu sehen war das Grausamste, das nach Lisas Krankheit je geschehen ist. Es hieß Abschied nehmen von der bis dahin gewesenen Mutter und eine geschwächte, mutlose Mutter nahm ihren Platz ein.

*

N

Niemand darf über das Leben eines anderen urteilen, jedoch kann man versuchen, sich ein Bild zu machen und sich selbst fragen, ob es auch das eigene Leben sein könnte.

Hätte mir jemand gesagt, dass mein erstes Kind zuerst gesund, dann schwer krank und am Ende schwerstbehindert und für immer unselbstständig sein wird, ich hätte Nein dazu gesagt. Nein und noch einmal Nein. Wo wäre da noch Platz für mich in diesem Leben geblieben?

Wie sollte ich das schaffen? So habe ich mir mein Leben nicht vorgestellt.

So oder ähnlich wären sicherlich meine Antworten gewesen, von daher ist es gut, dass man selten weiß, was kommt.

Es ist mein Leben und ich bin gewachsen, bin an diesem Dasein gewachsen. Durch den Lebensweg mit Lisa bin ich zu der Frau geworden, die hier und heute ist.

Grundlage ist die Claudia von früher, die fröhliche, interessierte und doch etwas naive und gutgläubige Claudia. Sie ist geblieben, hat sich entwickelt und sagt jetzt Danke für dieses Leben, das so weit entfernt von der Oberflächlichkeit stattfindet.

Neid, man sollte es nicht glauben, doch es gab sogar eine Situation in unserem Leben, da erschien es so, dass eine Freundin neidisch auf Lisas Behinderung war.

Ihre eigene Tochter war an gut heilbarem Krebs erkrankt und es fühlte sich an, als würde sie eine Art »Konkurrenzkampf des Leids« starten. Natürlich war die Zeit ab dem ersten Verdacht bis zur Operation eine sehr belastende für sie, doch danach war ihre Tochter für immer geheilt. Das Mädchen führt ein völlig gesundes Leben.

Immer wieder kamen unterschwellige Vergleiche von ihr, bis sie bei mir durchblicken ließ, dass sie nicht die gleiche Beachtung wie ich bekommen würde, besonders aus der Nachbarschaft.

Ein Neid, der mir unvorstellbar erschien, doch daran zerbrach unsere Freundschaft. Eine Freundschaft kennt keinerlei Neid, besonders nicht solch einen fehlgesteuerten.

Normalität, zuerst könnte man fragen, was ist überhaupt normal?

Welche Art zu leben gehört zur Normalität?

Normal ist für mich, wenn es rund läuft, wenn es wie vorgestellt verläuft. Nicht völlig anders als bei anderen auch, außer man wünscht es so.

Wer geht an den Kinderwunsch heran und sagt: »Hoffentlich wird es ein schwerstbehindertes Kind.« Niemand! Soweit mir bekannt.

Wenn es das Schicksal will, dann ist es so, dann hat man sich dieser Aufgabe zu stellen.

Im Normalfall stellt sich jeder eine glückliche junge Familie ohne das Damoklesschwert der Behinderung darüber hängend vor.

Oft sind es die ganz simplen Alltagsdinge, die über die Zeit gesehen die Grenzen dessen, was als normal angesehen wird, sprengen.

Füttern, Windeln wechseln, Waschen, Anziehen, all das macht man vielleicht zwei Jahre. Hilfestellung leistet man vielleicht weitere zwei oder drei Jahre länger, doch irgendwann kann sich ein Kind recht selbstständig um sich kümmern. Man erinnert als Elternteil noch an das Zähneputzen oder Händewaschen, lässt das Badewasser ein oder bindet die Schnürsenkel zu.

Immer jedoch hat man im Blick, dass dies alles zeitlich begrenzt ist. Die Kinder werden flügge und verlassen langsam das Nest.

Lisa wird immer abhängig und komplett unselbstständig sein. Es gibt keine Perspektive nach vorne.

Jeder ihrer Knöpfe muss ihr Leben lang geschlossen werden.

Mit Babys meidet jeder die Sonne. Ein zeitlich begrenzter Umstand. Bis auf wenige Minuten am Tag muss mit Lisa die Sonne immer gemieden werden.

Den Sommer kann man manchmal komplett vergessen, da sie auch die Hitze nicht verträgt.

Nie konnten wir schnell ein paar Dinge zusammen packen und spontan eine Radtour unternehmen, oder ins Schwimmbad gehen.

Die Familie musste sich oft aufteilen.

Von daher war ich immer dankbar, wenn meine Eltern eine Woche im Jahr Lisa bei sich hatten und der Rest der Familie ganz normalen Familienurlaub machen konnte.

Es entsteht eine andere Normalität, doch stelle ich mir die Durchschnittsnormalität auch sehr schön vor.

*

O

Ohnmacht, noch nie zuvor hatte ich solch ein Gefühl der Ohnmacht verspürt.
Ohnmächtig sein, innerlich fast gelähmt vor Angst.
Angst zu versagen. Dieses kleine Mädchen in unseren Armen stellte uns vor Aufgaben, die anscheinend nicht zu schaffen waren.
Sisyphus muss sich ähnlich gefühlt haben.
Es ist jedoch ein gutes Gefühl, nicht an der gestellten Aufgabe gescheitert zu sein.
Die Flinte wurde nicht ins Korn geworfen und ich habe vor mir selbst bestanden. Bin ich doch mein strengster Richter.
Das Schicksal hat uns nicht zu Fall gebracht.
Nie hätte ich gedacht, die anfänglich gefühlte Ohnmacht für immer abstreifen zu können.

Ordnung ist absolut überbewertet, das Wesentliche verliert sich nie.

*

P

Pflege darf nie zu einem Geschäft werden, dürfte nie nach Profit ausgerichtet sein. Der einzige Gewinn sollte die Lebensqualität des zu Pflegenden sein.

Pflegegrad 5
Lisa ist praktisch ein Gründungsmitglied der Pflegeversicherung. Seit deren Bestehen bezieht sie Leistungen aus der Pflegeversicherung.
Zuerst gehörte sie der Pflegestufe 3 an. Nachdem die
Pflegegrade eingeführt wurden, gehört sie zu Pflegegrad 5, mit eingeschränkter Alltagskompetenz.

Pflegedienst, wir haben einen ortsansässigen Pflegedienst fast seit seinen Anfängen begleitet, oder er uns.
Wir nahmen ihn jedoch noch nie für Pflegeeinsätze in
Anspruch.
Bei Pflegestufe 3 und jetzt im Pflegegrad 5 ist es seit
jeher so, dass alle drei Monate der Pflegezustand von
einem Pflegedienst begutachtet werden muss. Es wird
überprüft, ob die Pflege sichergestellt ist.
Finden diese Überprüfungen nicht statt, zahlt die Pflegekasse sehr schnell das Pflegegeld nicht aus.
Zum Glück führt mein Pflegedienst sehr gut Buch, und
so verpassen wir nie einen Überprüfungstermin. Für
mich ist es eine weitere Formalität, doch eine sehr
wichtige, denn die Pflege zu Hause soll besonders im
Sinne des Pflegebedürftigen sichergestellt sein.
Die ersten Jahre mussten wir dafür die Kosten in Höhe
von 50 DM selbst tragen, irgendwann wurden diese
von der Kasse übernommen.

Während Pflegedienste bezahlt werden, wird innerhalb der Familien sehr viel als selbstverständlich angesehen. Das soll nicht bedeuten, dass vieles nicht
einfach selbstverständlich sein soll und ist.
Geht es jedoch um bezahlte Leistungen, merkt man
sehr schnell, dass sie nicht gegen das freiwillig

Gegebene ankommen können.

Fast niemand könnte sich solch eine rundum Betreuung durch einen Pflegedienst leisten.

Ich habe einmal in den Leistungskatalog eines Pflegedienstes hier am Ort geschaut und versucht, mich etwas einzulesen.

Es ist ein für mich seltsames System der minutengenauen Abrechnung, oder auch nach Festpreisen für bestimmte Verrichtungen, die aber auch in ein strenges Zeitkorsett gepresst sind.

Um einen kleinen Einblick in die Kosten zu bekommen, habe ich nur 4 normale Tätigkeiten herausgepickt, die tagtäglich anfallen:

1. Teilwaschung (z.B Intimbereich), Haarpflege, Zahnpflege, Hautpflege, 2x am Tag, für je 11,43 €
= 22,86 €

2. Ausscheidungen (Windel) wenigstens 2x am Tag je 5,21 €
= 10,42 €

3. Hilfe bei der Nahrungsaufnahme 3x am Tag je 13,04 €
= 39,12 €

4. Lagern & Betten, raus aus dem Bett, in den Rollstuhl setzen, auf das Sofa legen, wieder ins Bett, also wenigstens 4x am Tag je 5,21 €
= 20,84 €

Zusammen ergeben diese Leistungen bereits 93,24 € pro Tag.

Bei einem 30 Tage Monat wären es so 2.797,20 €, doch die Pflegekasse würde nur 1.995,- € für Pflegesachleistungen, sprich Leistungen, die von einem Pflegedienst erbracht werden, übernehmen. Der Rest müsste noch selbst getragen werden, plus die restliche Pflegeleistung, für die kein Geld von der Pflegeversicherung übrig wäre.

Hinzu kommt, dass die häusliche Pflegeperson kaum ein festes Arbeitsverhältnis eingehen kann.

Bei dieser ganzen Berechnung fehlt noch so viel. Über den Tag verteilt immer wieder etwas zu trinken anbieten. Leichtes Umlagern, Kissen richten. Bei einem Krampf zur Seite stehen. Einkaufen, Pflege der Wäsche, Organisation von Terminen und die vielen kleinen Handreichungen am Tag. Zwischendurch-Leistungen, ich weiß nicht, wie ich es anders nennen soll. Die kleinen Handreichungen zwischendurch, wenn Lisa weint oder ihr irgendetwas nicht gefällt, ihr einfach zeigen, dass sie nicht alleine ist.

Ein Punkt im Leistungskatalog ließ mich schmunzeln: »Anwesenheit u. a. um Sicherheit zu vermitteln.« Dieser Punkt fällt in eine Kategorie, die nach Zeitaufwand abgerechnet wird.

0,52 € pro Minute.

Zwei Minuten Zuwendung kosten rund gerechnet einen Euro.

Alles in mir sträubt sich, wenn ich solche Zahlen sehe.

Das absolute Grundbedürfnis von Lisa, die Nähe zu spüren, als Handelsware zu sehen, klingt wie ein schlechter Scherz.

Wenn ich all diese Summen sehe, wird mir fast schwindelig und macht dieses Pflegegeschäft so deutlich.

Wie kann das, was ein Mensch wirklich braucht, in Minuten abgerechnet werden?

Wirkliches Wohlbefinden muss sehr teuer erkauft werden oder wird mit Liebe gegengerechnet.

So lange ich lebe, wird Lisa nie ein Pflegeheim von innen sehen. Es wäre ihr Todesurteil, davon bin ich überzeugt.

Zuerst würde sie dort eine PEG bekommen, über einen Schlauch durch die Bauchdecke hindurch ernährt werden.

Damit es schnell geht.

Bei Quengeleien würde sie ruhiggestellt werden, denn sie kann sehr ausdauernd quengeln. Es wäre keine Zeit vorhanden und so müsste sie in eine Schablone gepresst werden.

Zu Lisa passt jedoch nichts so wenig, wie in ein Schema hineingezwängt zu werden.

So wünsche ich mir, und ich denke, ich bin nicht alleine mit solch einem Wunsch, dass ich nach meinem Kind sterben werde.

P wie *Perspektive.*

Sich in Lisa hineinzuversetzen könnte viel dazu beitragen, ihr Leben besser zu verstehen.

Es ist jedoch nicht das Leben, in das man sich gerne hineinversetzen möchte.

Leichter oder vorstellbarer ist es, sich mit einem Superstar zu identifizieren. Mit jemandem der alle Bühnen der Welt sein eigen nennt. Einem umjubelten Menschen, der doch anscheinend alles hat, was man braucht, um glücklich zu sein.

Doch wie häufig sind die Menschen mit diesem Leben nicht zurechtgekommen. Wie viele konnten dem

Druck nicht standhalten und sind den Drogen in jedweder Form verfallen. Nicht wenige sind an diesem Leben im Rampenlicht zugrunde gegangen.

Die Stars leben auch in der Abhängigkeit, jedoch eine selbst gewählte. Sie brauchen die Zuschauer, Zuhörer und merken oft nicht, wie der Druck um sie herum wächst. Der Druck Leistung zu bringen.

Und dennoch fällt es vielen leichter, diese Form des Lebens als lebenswerter anzusehen.

Obwohl sie so zerstörerisch sein kann.

Es entspricht mehr dem Wunschtraum des Lebens, als es das Leben von Lisa macht.

*

Q

Qualität, manchmal bekommt einiges ein Gütesiegel, ohne wirklich Güte zu bringen.

Ich denke, es bedarf immer wieder Änderungen und Überprüfungen in Heimen und Pflegeeinrichtungen.

Das Personal ist der Schlüssel.

Krankenschwestern und Pfleger können sich nicht zerreißen. Sie leiden oft sehr unter dem Druck, den der permanente Zeitmangel auf sie ausübt.

Ein Bereich, in dem nicht gespart werden darf. Die Menschen dort kümmern sich jeden Tag um Individuen, die sich nicht mehr vollumfänglich um sich selbst kümmern können.

Sind Menschen im Spiel, darf es nicht nach Minuten, nach strengen Plänen gehen. Es muss viel mehr Platz für Individualität vorhanden sein, für Gefühl und Nähe. Für seelische Streicheleinheiten.

Doch wo schafft es die Bürokratie, wirklich auf den Einzelnen einzugehen?

Von daher wird es aus meiner Sicht wirklich gute Pflege für Lisa nur zu Hause geben, denn Zeit ist zu teuer geworden, um sie ausreichend einkaufen zu können.

*

R

*R*ollstuhl, nie hätte ich gedacht, dass dieses Gefährt einmal zu einem täglichen Begleiter werden würde.

Ein Rollstuhl ist nicht gleich Rollstuhl. Es ist wie in der Mode, Rollstühle gibt es von der Stange und vom Couturier.

Es machte mir persönlich eine Zeit zu schaffen, dass kein Weg an diesem Gefährt vorbeiführte. Ich musste erst das passende Selbstbewusstsein entwickeln, locker mit ihm umzugehen.

Es hat mit Akzeptanz zu tun.

Mit dem deutlichen Auseinandersetzen mit der Behinderung des eigenen Kindes.

Es gibt kein Wegschauen oder übersehen.

Der Rollstuhl ist wie der Leuchtturm einer Insel, ein Signalgeber. Eine stetige Erinnerung.

*R*esignation, zeitweise hat mich die Lust verlassen. Die Lust, mich gedanklich auf etwas Schönes vorzubereiten.

Die Angst, dass ich wieder zu Hause bleiben müsste, weil es Lisa nicht gut gehen würde, nahm mir jegliche Vorfreude. Wartete sie auf einen Krampf oder jammerte einfach vermehrt, brachte ich es nicht übers

228

Herz, irgendwohin feiern zu gehen.
Die Verantwortung für Lisa stand mir immer wieder im Weg. Ich kam nicht um sie herum.
Die erst leise Resignation verfestigte sich.

Ich nahm mich, meine Wünsche, mehr und mehr zurück.
Es ist besser, sich nicht auf etwas zu freuen, wenn man doch damit rechnen muss, immer wieder enttäuscht zu werden.
Es schmerzt und würde letztendlich zu einer Frustration führen.
Ich hatte meine Familie, den Garten, die Tiere. Im und ums Haus herum richtete ich mir den größten Teil meines Lebens ein.
Trotz allem bezeichne ich mich in der damaligen Situation als zufriedenen Menschen, denn nichts war mir wichtiger als die Familie.

Ich lernte jedoch, dass Resignation kein guter Ratgeber ist. Es ist nicht gut, sich selbst zu sehr zurückzunehmen.
Ich musste lernen, mich zu lösen. Auch von Lisa. Stück für Stück loszulassen, wenigstens gedanklich. Nur so konnte ich Platz für eigene Gedanken freimachen.
In dieser Phase entdeckte ich meine Freude am Schreiben.

Reisen, ich möchte sehr gerne noch etwas von der Welt sehen. Unser schönes Land besser kennenzulernen wäre ein Anfang.
Der Preis, den ich dafür bezahlen müsste, ist mir zu hoch. Frei reisen zu können ginge erst nach Lisas Tod. Nie würde ich mich vom Kopf her genug freimachen

können, um eine Reise genießen zu können.

Und mit Lisa ist es mir zu kompliziert, doch dazu schreibe ich noch unter dem Buchstaben **U**.

*

S

Sonne, mir gefällt es immer noch, mich genüsslich in der Sonne aufzuhalten. Gesund oder nicht, mit mir bin ich sicherlich leichtsinniger als mit Lisa.

Nichts geht jedoch über ein herrliches Sonnenbad, wenn die Wärme jede Faser im Körper mit Energie durchflutet. Eine Erfahrung, die Lisa nur für Minuten erleben kann.

Spastiken gehören, seit Lisa bei uns ist, zu unserem Leben. Zu ihrem Leben. Welche enorme Kraft dabei wirkt, hätte ich mir früher nie vorstellen können. Leider ist es fehlgeleitete Kraft.

Nie hätte ich es für möglich gehalten, wie sehr sich ein Körper anstrengen kann, um nicht richtig zu funktionieren.

Schreiben, das Schreiben war und ist ein wichtiges Ventil für mich. Es ist mein Weg, meine Gedanken zu sortieren und den Kopf freizubekommen.

Ich glaube, das Schreiben hat mich ein Stück weit gerettet. Unbewusst hatte ich mich peu à peu aus dem Leben zurückgezogen.

Ich vergaß mich und meine Wünsche für mich persönlich fast völlig, doch ich merkte es nicht.

Das Schreiben und auch Resonanzen auf mein

Geschriebenes, machten mir nach und nach sehr vieles bewusst.

Besonders, dass ich als Mensch wichtig bin. Nicht nur als Frau, Mutter oder Pflegerin, sondern als Claudia und auch an mich denken muss.

Ein schwerer Lernprozess.

Es gibt die Schreibtherapie, doch davon hatte ich nie zuvor gehört. Ich fing irgendwann von alleine damit an, weil die Worte und Gedanken aus dem Kopf heraus mussten. Mit jedem geschriebenen Wort fühlte sich mein Kopf leichter an, und ich merkte wie gut es für mich ist.

Schwerbehindertenausweis.

Es kam der Tag, als Lisa ihren ersten Schwerbehindertenausweis bekam. Keine Mitgliedskarte für einen Ponyklub oder sonst etwas, das Mädchen Spaß macht. Mein erstes Kind bekam seine Hilflosigkeit noch einmal schriftlich bestätigt. Nur eine Formalität könnte man jetzt denken, doch eine schmerzvolle Formalität.

Bis zum 5.3.1995 war ein Grad der Behinderung in Höhe von 100 Prozent eingetragen. Dazu kamen die Merkzeichen:

G - Beeinträchtigung der Bewegungsfreiheit
Bl - Blindheit
H - Hilflosigkeit
B - Begleitperson
RF - Rundfunk/Fernsehen

Mit dem Merkmal RF hat man die Möglichkeit, eine Befreiung der Rundfunkgebühren zu beantragen. Wir machten es, glaube ich ein einziges Jahr. Da jeder hier im Haus zusammen mit Lisa Radio hörte oder das Fernsehprogramm verfolgte, erschien es nicht richtig, diese Befreiung in Anspruch zu nehmen. Wieder so ein Punkt, dass wir nie etwas in Anspruch nehmen wollten, das uns nicht wirklich zustehen würde.

1995 wurde aus dem G ein aG, eine außergewöhnliche Gehbehinderung.
Der Schwerbehindertenausweis ist von der Grundfarbe grün, liegen die Voraussetzungen für die unentgeltliche Beförderung im Personenverkehr vor (Merkzeichen G, Gl, H, aG oder Bl), wird der Ausweis zusätzlich halbseitig mit einem orangen Aufdruck versehen.
Auf Antrag wird ein Beiblatt zum Ausweis ausgestellt.
Mit einer dazugehörenden Wertmarke könnte Lisa mit einer Begleitperson kostenlos die öffentlichen Verkehrsmittel nutzen. Oder es kann eine Ermäßigung der Kfz-Steuer beantragt werden.
Liegt eines der Merkzeichen „H", „Bl" oder „aG" vor, dann kann beides parallel beantragt werden.
Die Wertmarke für die öffentlichen Verkehrsmittel beantragten wir, damit Lisa bei Schulausflügen, die stellenweise mit Bus oder Bahn absolviert wurden, dabei sein konnte. Zusätzlich musste eine Begleitperson kein Ticket kaufen.
Privat nutzten wir es nie.
Die Kfz-Steuerermäßigung nutzten wir nur zeitweise, denn der Wagen durfte dann immer nur mit Lisa genutzt werden. Wir verzichteten lieber häufig auf die Ermäßigung.
Die eingetragenen 100 Prozent Schwerbehinderung machen sich bei der jährlichen Steuererklärung bemerkbar, dort gibt es pauschale Freibeträge oder

andere Vergünstigungen.

In der Regel wird der Ausweis auf fünf Jahre befristet ausgestellt, doch wenn feststeht, dass sich der gesundheitliche Zustand nicht mehr verbessern wird, gibt es eine unbefristete Gültigkeit. So ist auch Lisas Schwerbehindertenausweis unbefristet gültig.
Alles in allem ist es für mich Bürokratie, teils nötig jedoch oftmals nur zeitraubend und lästig. Wie ich schon erwähnte, ein Blick auf Lisa sollte jedes Formular unnötig machen.

Sentimentale Momente, auch sie gehören zum Leben. Es nützt nichts, sie verdrängen zu wollen, jedoch zelebriere ich sie nicht, oder nur ein klein wenig. Sie können dich sehr tief hinunterziehen, wenn du dich zu intensiv auf sie einlässt.

Singen, wie viele Stunden habe ich im Krankenhaus an Lisas Bett verbracht und ihr vorgesungen. Es waren fast immer Lieder von Chris de Burgh. Ich liebte zu dieser Zeit seine Lieder, und mache es auch heute noch. *»The girl with april in her eyes«*, *»A spaceman«* oder *»In a country churchyard«*.
Noch heute singe ich Lisa diese Lieder vor. Oft denke ich, dass sie die Melodien erkennt und genau zuhört.

Habe ich sie damals damit beruhigt oder mich selbst? Lisa sollte etwas anderes hören als dieses ewige Gepiepe der Apparate. Nur erzählen konnte ich nicht den ganzen Tag.
So träumte ich uns beide weg aus diesem Krankenzimmer.
Hinein in eine schönere Welt.

Ich hoffe, dass ich ihr damals schöne Erinnerungen gesungen habe.

Sinn, so oft habe ich den Sinn hinterfragt.
Warum musste meine Erstgeborene solch ein Qual durchleben?
Warum war ihr ein völlig normales Leben nicht vergönnt?
Lisa hat mein Leben so sehr geerdet, sollte dies der Sinn sein?
Wenigstens ein Teil des Ganzen?

*

T

Träume, es gibt Bereiche im Leben, da ist es besser, sich die Träume zu verbieten.
Sie würden schmerzhafte Stachel unter die Haut, ins Hirn und ins Herz setzen. Träume von Lisa und dem »Wie wäre Sie, wenn das alles nie mit ihr geschehen wäre?«
Wie wäre ihre Stimme, wenn sie mit mir sprechen würde?
Wie würde sie aussehen? Aufrecht stehend, mit normal gewachsenem Kopf und Körper?
Wie pfiffig wäre sie?
Wie sanft oder impulsiv?
Wie wäre ihr Gang? Ihr Temperament?
Was hätte sie für Hobbys, Interessen?
Wie wären ihre Freunde, ihre Pläne.
Wie wäre ihr Leben verlaufen?
Wäre sie fleißig oder eher träge, sportlich oder ein

Stubenhocker, wie klug wäre sie gewesen?
Hätte sie Freunde gehabt, die zum Spielen gekommen wären?
Hätte Lisa mir ihre Sorgen anvertraut, mich um Rat gebeten oder mir einen Witz erzählt?
Wie würde sich ihre Umarmung anfühlen?

Manchmal habe ich versucht, sie mir vorzustellen, mir Lisa vorzustellen, wie sie wäre.
Es gelang nie wirklich, denn die reale Lisa ist so präsent, so eigen in ihrem Selbst.
Träume von Träumen bleiben lieber nur Träume und werden besser nicht realisiert.
Es ist verschwendete Zeit, die nicht wirklich gut ist, die das Vermissen aufkommen lässt und zusätzlich ein weiteres Vermissen hinzufügt.
Es ist wie es ist und Träume sind für Träumer, doch dazu bin ich zu sehr Realist.
Ganz tief in mir leben sie immer noch, diese Fragen auf die ich nie eine Antwort erhalten werde.

Tsunami, mein ganz persönlicher Gedanken-Tsunami bricht manchmal aus einem nichtigen Grund über mir zusammen.
Alle Gedanken, die sonst gut verwahrt, in einer geheimen, mit fünf Schlössern versiegelten Kammer meines Verstandes ruhen, drängen mit geballter Macht ins Bewusstsein.
Bei wachem Verstand werde ich in die wirbelnde Sturmflut der verborgenen, selbstverbotenen Wünsche hineingezogen.
Die Sehnsucht hat einen Wunsch an die Hand genommen, und sich heimlich die ganzen verworrenen

Wege entlanggeschlichen.

Dorthin, wo ihre Geschwister eingesperrt sind.

Ein Schloss nach dem anderen hat sie aufgebrochen und die versteckten, schmerzbringenden Gedanken befreit.

Die Sehnsucht meint es nicht böse.

Sie möchte nicht versteckt werden, wie ihre Schwestern. Sie möchte gedacht und gefühlt werden.

Hat sie das letzte der fünf Schlösser geöffnet, überfluten das Vermissen, die Träume und Wünsche zusammen mit der Sehnsucht mein Gehirn.

Kein klarer Gedanke ist mehr zu fassen. Alles geht unter in einem See aus Tränen und fast scheint es, als würde der Himmel mit all seiner Kraft versuchen, mich auf den Boden zu drücken, mich niederzustrecken.

Ist die letzte Träne versiegt, treten Einsicht, Akzeptanz, Realität, Verdrängen und Selbstschutz vereint hervor, stemmen sich gegen das Tor der Träume und Sehnsüchte, und verriegeln es wieder. Ein Schloss nach dem anderen wird geschlossen.

Klick, klick, klick, klick, klick.

Der Himmel drückt nicht mehr auf meine Schultern, die dunklen Wolken sind abgezogen und die Sonne schickt ihre warmen Strahlen.

Dürfte die Sehnsucht schalten und walten wie sie wollte, könnte ich mein Leben nicht leben.

*

U

Urlaub, Urlaub mit Lisa. Es klingt vielleicht hart, doch

es ist immer mit viel Arbeit verbunden gewesen.

Lisa selbst lässt einen auch nicht aus dem alltäglichen Trott herauskommen. Sie braucht eine gewisse Routine am Tag.

Bei einem nicht körperbehinderten Kind fällt irgendwann der Kinderwagen weg. Dann folgt der Buggy. Es werden nur noch »normale« Dinge mitgenommen.

Für Lisa bleibt immer der schwere, sperrige Rollstuhl. Dazu Lagerungskissen und Stofftiere, kleine Lampe, Radio/CD-Spieler, extra Löffel, eigene Brei Mischung. Medikamente nie vergessen. Windelpakete, Tücher und Creme und bestimmt noch anderes, das mir nun aber nicht einfällt.

Und es wurde nie weniger. Nie!

Lisa ist nur ein Teil der Familie. Das gesamte andere Gepäck kam noch hinzu. Der Wagen sah immer aus wie bei einem Umzug.

OK, bei vielen Familien sieht der Wagen vor der Urlaubsfahrt aus, als würde man umziehen, doch bei uns ging es maximal 200 Kilometer weit.

Ein eng gesteckter Radius, doch wenn wir Pech hatten, jammerte Lisa die ganze Fahrt über, dann sind selbst 200 Kilometer weit.

Oft klappten die Fahrten sehr gut, doch wollten wir nicht riskieren, dass Lisa zu lange im Auto sitzen musste.

Und auch hier muss ich mir eingestehen, dass die Angst vor dem Nichtgelingen einer Fahrt, den Radius so klein hat werden lassen.

Es gab noch zwei Kinder, die man nicht enttäuschen wollte. Wir konnten ihnen Zeit zusammen bieten, oft auf einem Bauernhof, doch nie die Reisen, die viele ihrer Freunde machten.

Sie beklagten sich darüber eher leise.

Höchstens beiläufig, denn sie wussten, warum es so war.

Ich sagte immer, ihr könnt später reisen, wohin ihr wollt. Dass es dann keine Kindheitsurlaube mehr sein würden, sah ich zu dieser Zeit nicht.

Es tut mir leid, dass Lisas Geschwister dadurch auch traurige Momente hatten.

Momente in denen sie wegen ihrer Schwester verzichten mussten, ein übers andere Jahr.

Urlaub ohne Lisa war zu den Zeiten möglich, als meine Mutter noch lebte.

Ihr konnte ich blind vertrauen.

Bei ihr war Lisa gut aufgehoben und wurde rund um die Uhr betüttelt.

Eine Woche im Jahr war es so möglich, Lisas Geschwistern eine ganz normale Zeit mit ihren Eltern zu bieten.

Phasen mit Spontanität.

Zeiten ohne Rücksichtnahme auf Lisa.

Eine Woche Familie ohne behindertes Kind.

Urlaub ohne Lisa wäre sonst nur möglich gewesen, wenn Lisa in dieser Zeit in ein Hospiz gekommen wäre. Dort gibt es sicherlich die Möglichkeiten der Betreuung, die sie braucht.

Alleine bei dem Gedanken hat sich mein Magen jedoch jedes Mal zusammengezogen.

Lisa in ein Hospiz geben, das passt für mich gedanklich absolut nicht zusammen.

Seit Jahren wird sie nur palliativ behandelt, so sagte es der Kinderarzt, doch Hospiz?

Ich kann es einfach nicht.

*

V

Verantwortung. Mit jedem Kind übernimmt man die Verantwortung für dessen Leben.
Solange, bis es Stück für Stück für sich selbst verantwortlich ist.

Es ist eine Entwicklung nach vorne. Mit der Perspektive, irgendwann die Verantwortung nicht mehr zu haben, und das Kind vollends flügge ist.
Für Lisa gab es diese Perspektive nie. Die formale Verantwortung für Lisa könnten wir theoretisch dem Staat überlassen. Das wäre der Weg in ein Heim.
Alleine bei dem Gedanken dreht sich mein Innerstes einmal komplett um und erzeugt ein sehr übles Gefühl.
Ja, dieses üble Gefühl ist wohl die Angst in mir.
Ein Ur-Reflex der instinktiv zurückschrecken lässt.
So komme ich direkt zum nächsten V, dem Vertrauen.

Vertrauen, es dauert so lange, bis es endlich vorhanden ist. Außer bei kleinen Kindern, da besteht dieses Urvertrauen zu den Eltern. Es ist angeboren.
Später jedoch, wenn man nicht völlig naiv ist, dauert es eine lange Zeit, bis man vertraut.

Menschen oder einem System vertraut.
Wir machten die Erfahrung, dass oft, wenn wir Lisa vertrauensvoll aus den Händen gaben, dieses Vertrauen mit Füßen getreten wurde und Lisa Schaden nahm.
Heute fällt es mir sehr schwer, in Verbindung mit Lisa zu vertrauen. Was Jahre dauert, bis es gewachsen ist, wird mit einem Handstreich zerstört. Geschieht dies

häufiger, fürchtest du dich fast davor, dein Vertrauen erneut zu vergeben, es zu verschenken.

Einem Pflegeheim würde ich nie vertrauen, wie könnte ich, weiß ich doch wie viel Zeit es in Anspruch nimmt, sich angemessen um Lisa zu kümmern.

Und so traurig es auch ist, selbst in den Krankenhäusern fehlt diese Zeit, fehlt das Personal, und auch mein Vertrauen.

*

W

Warum? Die Frage nach dem Warum ist wohl die, die ich mir am häufigsten gestellt habe. Warum musste Lisa so viel Leid erfahren? Warum konnte der Erreger Besitz von ihr ergreifen? Warum wurde nicht aufgepasst?

Doch auch ein anderes Warum habe ich ein einziges Mal gefragt, in einem sehr bitteren, traurigen Zusammenhang.

»Warum haben Sie sie nicht sterben lassen, als sie tot war?«

Es kam spontan aus mir heraus.

Damals, in dem Moment, als uns die Bilder gezeigt wurden. Die Schwere der nun vorhandenen Behinderung bekannt war. Die Schneise der Zerstörung, die durch das vorher so unangetastete Gehirn unserer Tochter ging.

Reste von dem, was am Anfang der Entwicklung, des Wachstums stand.

Doch was sollte noch wachsen? Es fehlte so viel Gehirnmasse bei unserem Baby.

Lange Zeit grübelte ich, ob ich mich für diesen Ausspruch, diese Frage schämen musste.

Nein, muss ich nicht.

Der Ausspruch kam aus Angst vor der Zukunft.

Aus der Panik geboren, es nicht schaffen zu können.

Wir sahen deutlich auf den Bildern, wie wenig Gehirn von unserer Tochter übrig geblieben war und es war erschreckend, grausam und unfassbar.

Warum unser kleines Mädchen?

Mit einem gezeigten Bild wurde die erhoffte Zukunft weggewischt.

Pure Verzweiflung, Angst und Trauer überkamen mich. Unser Kind würde nie wirklich Kind sein können. Lisa würde ein ewiges Baby bleiben.

Ich dachte für einen Moment, es wäre leichter, den Tod des eigenen Kindes verkraften zu müssen als die vor uns liegende, ungewisse Zukunft.

Weiblichkeit, bei Lisa setzte irgendwann auch die sichtbare Entwicklung zur jungen Frau ein. Bei ihrer Kleinheit, ihrer Zartheit, etwas, das irgendwie nicht passte. Doch so ist der Gang der Natur.

Weiblichkeit, irgendwann vergaß ich meine Weiblichkeit. Ich trug fast nur noch praktische Kleidung. Flache Schuhe, bequeme Hosen und Shirts, die fast bei jedem Füttern angespuckt wurden.

Chic, es gab keinen Raum mehr für chic. Schminke, lackierte Fingernägel, nichts reizte mich mehr.

Es passte zu meinem mich völlig zurücknehmen, doch merkte ich es nicht.

Das Leben funktionierte so, ich funktionierte.

Ich war zu einer Art Ego-Zombie geworden, voller

Gefühl und Mitgefühl für die Außenwelt, für alle anderen, jedoch fast jegliches Eigengefühl ging verloren.
Meine Selbstliebe war auf der Strecke geblieben.

Es war ein langer, harter Weg, das zu erkennen.
Ein langer Weg zurück zu mir.
Ich war betriebsblind geworden, sah und spürte mich nicht mehr. Voll und ganz steckte ich in der Pflege. Besonders zu der Zeit, in den 3 ½ Jahren, als ich parallel zu Lisa auch meine halbseitengelähmte Mutter hier im Haus pflegte.

Ich ging regelrecht auf dem Zahnfleisch, wollte es mir aber nicht eingestehen.
Nach dem Tod meiner Mutter brauchte ich lange Zeit, um wirklich wieder zu Kräften zu kommen.
Nach und nach entdeckte ich auch die Frau in mir wieder. Nahm mir mehr Zeit für mich.
Im Frühling 2016 suchte ich mir einen Nebenjob. Ein paar Stunden in der Woche hinaus in ein anderes Leben.
Ein einziges Mal sprach ich spontan vor und bekam den Job. Ein Versuch ins Blaue hinein.
Ohne jegliche Vorkenntnis stürzte ich mich in die neue Aufgabe.
Etwas Besseres hätte ich nie für mich machen können.

Ich arbeitete buchstäblich im Paradies, ein Paradies für Obst und Gemüse. Ganz nah an gutem Essen, ganz nah an Kollegen und am Kunden.
Es ist für mich in erster Linie nie Arbeit, wenn ich dorthin gehe, es ist Leben.
Aufleben. Lebensfreude.
Leben abseits der Behinderung, ein Stück Normalität nur für mich.

Dort erwarteten mich Kollegen, die über die Zeit wie eine kleine Familie für mich geworden sind.

Lisa war gut beaufsichtigt in der Zeit und ich merkte, nach Wochen, Monaten, wie ich mich langsam gedanklich für Stunden von Lisa lösen konnte.

Ein wichtiger Schritt.

Ich tat wieder etwas nur für mich.

Würde. Würdevoll. Lisas Leben soll so würdevoll sein, wie es möglich ist. Ich möchte, dass ihr Leben gewürdigt und nicht bemitleidet oder bedauert wird.

*

X

Luxation, etwas anderes fällt mir zum Buchstaben X nicht ein, doch das Alphabet soll komplett sein. Ich erinnere mich genau an das mulmige Gefühl. Die Überwindung, die es kostete, Lisas ausgerenkten, luxierten Arm wieder einzurenken.

Mit leichtem Druck auf den ausgerenkten Unterarmknochen. Dann vorsichtig bewegen. Ich spürte, wie sich der Knochen langsam wieder an die richtige Position schob.

Ohne Schmerzen bei Lisa, aber mit großer Überwindung bei mir.

Es ist nicht leicht, die verschobenen Knochen eines geliebten Menschen einzurenken. Hat man sich einmal herangetraut, dann schwinden die Hemmungen von Mal zu Mal.

XXX könnte auch für alles stehen, für das es kaum

Worte gibt. Für das, was ich nicht so genau sehen will.
Lisas verdrehter, verkrümmter kleiner Körper.
Ich schaue ihr lieber in die hübschen blauen Augen.
Jeden Tag bewusst hinzusehen schmerzt, und macht
es nicht leichter.

Ich weiß um ihren Zustand und möchte nicht immer bewusst hinschauen.
Und doch mache ich es täglich.
Weil ich nachsehen muss, ob Lisa irgendwo eine gerötete Hautfalte hat, die ich eincremen muss.

Ihre rechte Halsseite ist immer eine Gefahrenstelle.
Lisa dreht den Kopf zu sehr nach rechts, lehnt die
Wange fast an die Schulter. Ihre Haare dürfen dort
nicht zu lang wachsen. Sie legen sich sonst in die
Hautfalte, scheuern und es wird wund.
Im Schritt, durch die Windel, an den Übergängen zu
den Oberschenkeln. Diese Hautfalten müssen auch immer sehr genau angesehen werden. Und doch versuche ich Lisa sonst mit Abstand zu betrachten, als
Selbstschutz.

Ihr Anblick ist für mich gewohnt, ich schaue über
ihre Defizite hinweg.
Und es kommen die Momente, da nehme ich ihre
Quietschmaus und quietsche einfach los. Ihr Blick
wird aufmerksam und manchmal lacht sie dabei. Nicht
laut, doch ihr Mund lächelt das süßeste Lächeln der
Welt.
In diesen Momenten schaue ich ganz genau hin und es
bringt mein Herz zum Lachen.

*

Y

Yoga, was soll es sonst unter Y geben, aber es ist halt ein Buchstabe im Alphabet.

Yoga habe ich nie wirklich gemacht und auch Lisa ist nicht der klassische Yogatyp. Ihr fehlt es ein wenig am Gleichgewicht, an der Standfestigkeit und letztendlich an dem Wunsch, Yoga zu machen.

Nun gut, habe ich den Y-Teil auch geschrieben, er gehört halt zum Alphabet.

Obwohl, wenn ich in die Biologie schaue, war es nach Meinung der Ärzte gut, dass Lisa die XX - Chromosome der Mädchen und nicht die XY - Chromosome der Jungen hatte. Als Junge hätte sie ihre schwere Erkrankung nicht überlebt.

Ich schrieb es schon, so sagte es damals ein Arzt.

Dieser Satz ist einer der Sätze, die mich mein Leben lang begleitet haben.

»Wäre Lisa ein Junge, sie hätte es nicht überlebt.«

Lange könnte man darüber reden und nachdenken.

Ich lasse es so stehen, wie es steht.

Als damalige Einzelaussage eines Arztes, doch als einprägsame Aussage.

*

Z

Zuversicht, manchmal macht es einem das Leben nicht leicht, die Zuversicht nicht zu verlieren.

Anders, als bei der Hoffnung, die meist nur ein

Vertrauen auf Wendungen von außen ist, wächst die Zuversicht mit der inneren Stärke.

In einem schwachen Ich bleibt kaum Raum für die Zuversicht und die Hoffnung ist der einzige Anker.

Zeit ist so viel mehr als nur ein Wort, das aus vier Buchstaben besteht.

Zeit ist lebens-, nein, Zeit ist sogar überlebenswichtig, besonders wenn es um die Pflege eines Menschen geht. Angefangen bei einem Baby und endend bei einem alten Menschen.

Der Wunsch nach Zuwendung lässt nicht nach, nur weil man mehr Jahre gelebt hat.

Pflege und Zeit, Zeit in der Pflege, Zeit für Pflege.

Als Lisas Pflegegrad einmal neu begutachtet wurde, fiel zwischendurch kurz der Satz, dass so viel Zeit wie ich Lisa biete, nicht die Norm sei.

So oder dem Sinn entsprechend wurde es gesagt.

Nicht die Norm, wie sie bei den Pflegediensten zu finden ist. Ordentlich in tabellarischer Form aufgelistet.

Soundsoviel Leistung in soundsoviel Minuten für soundsoviel Geld.

So funktioniert erfüllende Pflege jedoch nicht.

Zeit, ein so wichtiger Faktor, besonders wenn es einer Seite unmöglich ist, aktiv auf die andere Seite zuzugehen. Die schwachen Glieder der Gemeinschaft sind abhängig davon, Zeit geschenkt zu bekommen. Oder sie müssen sie sich teuer erkaufen.

Doch nicht jeder hat die Finanzen, sich die Zeit anderer Menschen leisten zu können.

Zeit ist Geld.

Noch nie traf dieser Spruch so sehr zu, wie in der Pflege. Besonders in der professionellen Pflege. Dort hapert es an ihr.

Mangelt es an ihr.

Bei jeder Pflegeperson hat der Tag auch nur 24 Stunden und jede Dienstzeit vielleicht 8 Stunden.

Die Erfüllung der persönlichen Bedürfnisse eines Pflegebedürftigen lebt von der Zuwendung anderer.

Wird diese nicht gegeben, stirbt zuerst die Seele. Jeden Tag ein wenig mehr, und dann folgt der Körper.

Deshalb weiß ich, dass Lisa in einem Pflegeheim schnell sterben würde.

An Mangel.

Nicht an Essens- oder Medikamentenmangel.

Nein, es wäre der Mangel an Zuwendung, bedingt durch zu wenig Zeit.

* Ende *

Lisa, ohne dich wäre meine Welt eine andere.
Du hast mich mehr geprägt, als jeder andere Mensch.

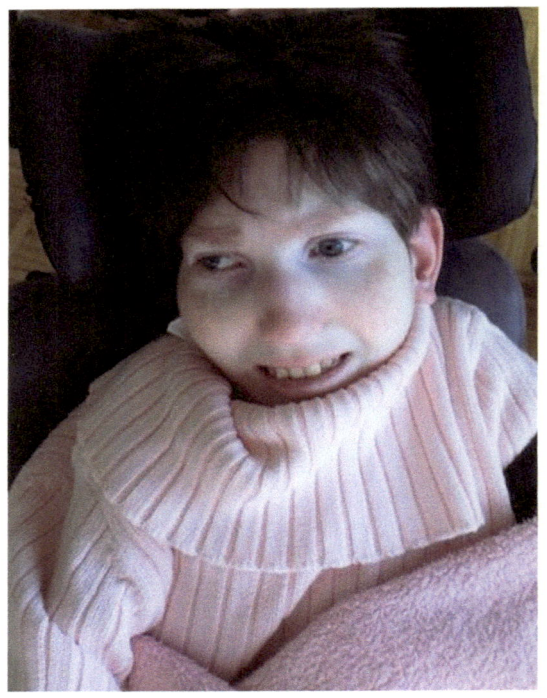

Lisa 2020

Ich bedanke mich:

Bei allen,
die mich darin unterstützt haben,
Lisas Buch zu schreiben.

Für Kritik, Anregungen, Denkanstöße und Überlegungen.

Für offene Ohren, auch wenn ich
eine Sache drei- oder viermal erzählte.

Für Freundschaft, die mir geschenkt
und für Liebe, die mir gezeigt wird.

Danke Anette, für deine Geduld mit mir.

Margot, danke für dein scharfes Auge.

Horst, danke für deinen geschliffenen Umgang mit
Worten.

Werner, danke für deine Ruhe und Geduld.

Das Leben ist wie ein Märchenbuch,
geschrieben mit goldener Tinte.
Es erzählt von Gut und Böse,
von Reichtum und Armut,
von Prinzen, Elfen
und sprechenden Tieren,
Königen und Königinnen.
Ritter in prächtiger Rüstung
und
einer Prinzessin,
der die wahre Liebe begegnet.